NICOLE DELATOUR

« Je suis là-haut »

Dialogues
avec Benoît

Du même auteur aux éditions JMG

Messages d'éternité, Un Pas dans le Réel (2014)

Messages de Benoît, Au Fil d'un songe (2018)

Aux éditions BoD-Books on Demand

Des Graines de l'Eternité (2019)

Le Chemin Oublié (2020)

Site

www.desgrainesdeleternite.jimdofree.com

SOMMAIRE

INTRODUCTION 5
BENOÎT « Lorsque je suis mort » 9
ENTRE NOUS 18
LE MAL EXISTE-T-IL ? 66
JE VOUS ECRIS 69
JE SUIS TOUJOURS LÀ 123
ET NICOLE ? 128

« Sois ma parole »

« Ma pensée vient en toi »

« Tout n'est qu'illusion, il n'existe que l'Amour »

« Acceptez le changement, la Vie est un Mouvement »

INTRODUCTION

Benoît nous a quittés dans un accident de voiture le 19 février 2011. Il allait vers ses 24 ans. Quelques jours avant son « départ », il nous avait dit : « Je sais que je mourrai jeune » … Et moi aussi je le savais, même si je le refusais.
Lorsque Benoît est décédé, ce fut un immense cataclysme qui ébranla tout mon être. Cependant, dans ce trou béant que

l'annonce de sa mort venait de faire, une onde pleine de douceur s'est aussitôt engouffrée pour adoucir la douleur : l'Amour.
Je venais d'ouvrir en grand une porte que je tenais entrebâillée…

Le soir même après l'accident, j'étais allongée, les yeux ouverts, lorsque l'encadrement d'une porte m'apparaît dans la demi-obscurité. Tout est noir autour de cette ouverture où une lumière, faite de milliards de points lumineux dorés, scintille. Une silhouette se tient près d'elle, devant son encadrement. Je la sens intriguée, en paix, et prête à entrer. Elle est attirée.
A ce moment-là je réalise que la silhouette que je vois est celle de mon fils Benoît, décédé quelques heures plus tôt. Une immense douleur fuse soudain en moi… et la vision disparaît.

Ce fut le début d'une multitude de manifestations de Benoît, d'apparitions (avec une vision autre que celle des yeux physiques) et de messages.
La première parole de Benoît fut : « petite maman ».

Voilà où j'en suis, actuellement :
« Je me sens de plus en plus libre, me détachant progressivement de l'opinion de « l'autre ». Je suis la maman de Benoît. Il est toujours mon fils dans mon histoire et, dans cette histoire, je ressens le manque, l'absence.
La peine est présente, mais une Présence magnifique est également là. Je me libère de plus en plus de celle que je

crois être, tout en sachant que je suis toujours celle-ci. Comme si j'enlevais au fur et à mesure les feuilles qui n'ont plus aucune raison d'être. »

La Vie nous semble ingrate, cruelle et mortelle.
Comment accepter que tout soit « faux », alors que la Vie est si présente ?
La Vie, Force Créatrice, Principe Aimant, puissant, qui nous relie tous et formant le Tout.
Je suis la Vie, même dans la Mort.
Je suis la Vie, même lorsque je crois ne pas vivre, lorsque je me persuade que je souffre, que je suis seul(e), torturé(e) en esprit ou physiquement… même si ma réalité me fait vivre tout cela.
Je me fais une fausse idée de la Vie et je l'amène à réalisation, à se concrétiser dans ma réalité.

Il y a plusieurs années je vis s'écrire devant mes yeux cette phrase :
« Je ne cherche pas ; Je suis ».
Maintenant je sais ce qu'elle veut dire, grâce aux paroles de Benoît.

BENOÎT

« Lorsque je suis mort »

1

Le 19 février 2011

« Je ne suis jamais parti, c'est vous qui dormez et qui croyez que je suis mort puisque je ne suis plus dans ce corps. Je vous le dis, avec toute franchise et avec ce direct que vous me connaissez : tout ça, tout ce monde, toutes ces étoiles, toutes ces planètes, ces galaxies, l'immensément grand et l'immensément microscopique, et tout ce qu'il y a entre, et bien… c'est du bidon, du vent, une grande farce dramatique ou drôle (cela dépend) !

Lorsque j'ai quitté mon corps, je ne savais rien de tout cela. J'ai eu la peur de ma vie avec l'accident, puis, tout s'est éteint. Je me suis endormi, pour me réveiller hors de mon corps. J'étais surpris, émerveillé, et curieux. Oui, curieux de la suite ! Je n'ai vu aucun tunnel, seulement les étoiles de la nuit, les hommes penchés au-dessus de mon corps. J'ai vu que ma chérie était vivante et s'en sortait bien, je pouvais explorer ce qui se présentait à moi.

Lorsque je suis mort pour vous, j'ai repris conscience de la Vie. J'allais la reconnaître, à travers toutes les étoiles qui brillaient de plus en plus nombreuses et qui m'attiraient. Le sol s'éloignait, leur lumière se rapprochait.

Lorsque je suis mort pour vous, pour moi, c'était renaître, en quittant cette immense farce où chacun joue un rôle et un

personnage qu'il s'est créé. Vous dormez. Votre esprit s'est laissé hypnotiser par l'inconscience gigantesque, par le Grand Sommeil ou Léthargie. Vous croyez vivre – comme les défunts qui pensent qu'ils sont morts et qu'il leur faudra revenir sur terre, en ce monde, qui serait une Ecole pour la Vie ; le choix de l'expérience dans la matière.
Ce choix n'est pas fait par la véritable conscience de la Vie, mais par celui de l'esprit qui s'est laissé prendre dans les filets virtuels d'un nouveau mode de penser et de vivre.

Vous êtes vivants – ou morts – dans la Virtualité.
Vous êtes endormis – ou hypnotisés – dans la Réalité.

Vous avez à être éclairés.

2

Lorsque j'ai quitté mon corps, j'étais curieux de tout ! Le monde se rapetissait à ma vue à mesure que je m'envolais vers toutes ces étoiles. Je voyais la terre devenir de plus en plus petite alors que j'avais l'impression d'aller dans l'espace. Sans fusée ! Sans combi. ! Inouï, hallucinant ! Ce n'était qu'une impression, je l'ai vite compris.

Lorsque j'ai quitté mon corps, j'ai vu que j'avais encore des mains, des jambes, un tronc. Tout y était ! Je vous jure, je me suis même tâté sur tout le corps. Il y avait quand même quelque chose de changé : l'aspect de la matière. J'étais tout translucide ! A-travers mes mains, je voyais la terre s'éloigner de moi.

J'ai quitté un corps de « beau gosse » (!) pour un plus beau encore. Oui, oui. Et nettement plus performant. Je volais ! Je voyais plus loin et nettement, j'entendais des sons que jamais je n'aurais captés de mon vivant. C'était mirobolant. J'entendais des voix, elles étaient tout autour de moi. Des voix agréables, gentilles. Il y avait même celle de Mamie. Je ne la voyais pas, mais je l'ai reconnue. En plus elle me parlait ! Elle m'accueillait dans ce nouvel univers.
J'ai atterri au milieu des étoiles. Tout un monde de lumières vibrantes de joie et d'amour. Là, je me suis endormi. J'ai complètement perdu conscience lorsque j'ai mis les « pieds » dans cet univers de lumière ! J'avais franchi la porte que maman avait vue dans la vision que les frères et sœurs lui ont donnée.
Lorsque j'ai repris conscience, la lumière avait des formes, un paysage, une terre, un ciel, et… je savais tout.

3

Je n'ai pas vraiment réalisé que j'étais mort tout de suite. La curiosité de l'aventure avait été la plus forte. Mais, avant de franchir cette fameuse « porte », j'ai compris que je ne reverrai plus ma famille telle que je la connaissais et l'énorme douleur qu'elle allait ressentir en apprenant mon décès. A cet instant, la curiosité de l'aventure a fait place au désir intense de retrouver ceux que j'aimais et que je venais de quitter. J'ai eu mal, atrocement mal. Tout de suite je me suis retrouvé dans le salon à moitié éclairé, et j'ai vu ma mère assise dans son fauteuil, mes frères, ma sœur, ma cousine, ma tatie, et tous mes amis, toute ma famille. Ils étaient là. Ils savaient.

Savez-vous pourquoi mon aimante famille n'a jamais fait le deuil, comme il est tant analysé ? Pourquoi la perte n'a pas revêtu ce manteau du deuil tel que le décrit l'esprit humain ? Ils ont accepté. Oui, ils ont accepté ma « mort ». Cette ouverture au lâcher prise pour laisser passer la Vie nous a permis à tous – nous qui sommes ici près de vous – d'envoyer des flots d'ondes de l'Amour. Nous avons pu montrer que l'Amour existe et que la Mort n'est qu'une illusion.

Lorsque j'ai quitté ce corps vivant dans cette matière, je suis entré très rapidement dans la Réalité du Monde et de l'Être.

Savez-vous pourquoi vous mourez ? Parce qu'inconsciemment vous savez que ce corps n'a pas d'existence.

L'immortalité biologique n'existe pas ; elle est seulement un fantasme de l'humanité par peur de la vieillesse, par peur de la mort.

Savez-vous pourquoi ce monde-ci est si violent, si affligeant, et etc. ? Parce qu'il a été créé sous l'effet de la Peur.

Il fallait se défendre, se protéger ; il fallait vivre dans un monde qui pourrait nous accueillir. Mais, la Peur n'est pas une bonne créatrice. Elle a laissé les pensées devenir une

force créatrice erronée, un réseau puissant auquel tous nos esprits se sont reliés, dans la fragilité dans laquelle nous nous sentions à notre NAISSANCE RÉELLE.
Voilà pourquoi la Mort existe, pourquoi les esprits s'imaginent qu'ils ont à revenir sur cette terre lorsqu'ils sont défunts, pourquoi ce monde est celui de la Peur, des sentiments et des émotions. Ce monde est fragile, alors qu'en Réalité, il est si magnifique et puissant !

« Tout n'est qu'illusion, il n'existe que l'Amour ».

4

Il est difficile d'être un être humain ! On vous demande de lâcher prise, de croire en l'Amour, qu'il existe autre chose que la violence, la cupidité. Dur, dur, n'est-ce pas ?

Je suis une onde, moi, Benoît, toujours présent, et n'ayant jamais quitté la Terre.

Comme vous. Chacun d'entre vous est une onde, est vibration.
C'est la vibration de l'Amour. La vibration de l'Esprit.
Je ne parle pas de Dieu, d'un Être Suprême. Je vous parle de l'Existence de la Vie.

Ce monde va de travers parce que l'esprit perpétue l'erreur et croit fermement en ses vérités et sa réalité.

Alors que tout n'est que bidon ! J'ai compris tout cela lorsque je suis mort ! Et lorsque je suis passé par une étape ultime qui demande d'abandonner toute peur et la croyance que nous sommes uniques, seuls, perdus dans un monde purement virtuel, cela m'a été facile, oui, très facile.

Lorsque nous redevenons défunts, nous retrouvons la mémoire de tout ce que nous avons appris lors de nos différentes existences. Nous avons en nous un capital de vie, un potentiel d'une puissance, dont nous prenons conscience en décédant si notre conscience de la Vie a déjà une très large ouverture.

Il n'existe aucune injustice en votre monde, malgré ce que vous voyez ou vous vivez. L'injustice n'existe pas, comme la justice. Aucun état n'a son opposé. C'est seulement l'esprit qui le croit et le met en application. J'insiste sur le fait qu'il n'existe aucune injustice ou aucune justice en votre monde.

Tout ce qui va de travers, qu'il soit bon ou mauvais, est le résultat de l'ACCEPTATION de l'esprit que cet état de justice ou d'injustice existe.
La VIRTUALITÉ est manipulable, malléable.

Chaque esprit pense et interprète à partir des bases qui lui sont données par la culture, par l'expérience, par la vision… L'interprétation d'un fait ou de plusieurs faits qui n'existent que dans la virtualité. Comme lorsque vous « chaussez » ces fameux casques - ou lunettes – virtuels. Tout est faux, mais vous avez l'impression et la sensation d'y être, de le vivre. Vous en faites même les gestes, vous ressentez les différentes émotions dues à ce que vous « vivez » grâce à ces lunettes

virtuelles. Plongez un peu plus votre conscience dans ce Jeu ou existence, et il viendra un moment où vous serez totalement déconnectés de la réalité. Vous serez persuadés que la justice ou l'injustice, qui règne dans le monde virtuel où vous êtes, existe vraiment, comme le bon ou le mauvais, la richesse et la pauvreté, etc.
C'est ce qui se passe là, maintenant.

Vous êtes déconnectés de la RÉALITE, même les défunts.

Lorsque ce jour du 19 février 2011 j'ai quitté mon corps dans la nuit, j'ai réappris ce qu'était vraiment la Vie, pour finir par me déconnecter totalement du monde – ou des mondes – virtuels.
Vous n'y arriverez pas seul, car la Peur vous empêchera de franchir la Porte de ce qui vous semble inconnu. Vous vivez dans l'insécurité et selon le bon vouloir de certains. C'est ce que vous croyez. Lorsque vous commencerez à comprendre réellement que le Jeu est bel et bien vivant mais susceptible d'être interprété différemment, vous aurez commencé à franchir cette Porte.
Au seuil de cette Porte, où vous déposerez petit à petit toutes vos convictions, vous comprendrez que Nous sommes là.

Vous pourrez alors déposer également vos Peurs, car Nous serons là Réellement, toujours disponibles pour chacun de vous.

OK ?
Lorsque je suis mort… Je suis VIVANT !

A+.
Bisous.
Benoît. »

ENTRE NOUS

1

Quand je vois toute cette souffrance humaine, animale, tous ces êtres qui se chamaillent entre eux, s'entretuent, tous ces hommes et femmes qui aspirent au « pouvoir », enfin, tout ce qui fait l'humanité, je suis de plus en plus étonnée et abasourdie par le peu de prise de conscience et de maturité.
Qu'est-ce qu'un être humain ?

« Le silence est absent.
Un silence rempli d'harmonie et de joie qui permet d'entendre l'appel.
Un appel qui semble provenir de loin, de très loin, alors, qu'en fait, l'appel se fait dans l'esprit de l'être humain.
Chaque être humain a son équivalent en Réalité. L'être humain est un amalgame savant et très bien structuré de minuscules particules vibrantes de Vie. Comme un Lego ! Oui, une pièce de ce jeu Lego qui va s'assembler avec d'autres pour former un tout, un individu. La main le construit.

L'être humain est construit par la pensée de l'esprit.

Il n'y a pas de secret, pas d'initiation à avoir, tout cela est du baratin pour rendre un enseignement, presque opaque, plus lumineux. Lorsque la lumière éclaire de sa présence, plus rien n'est caché !
Tout ce bruit dans ce monde, tous ces cris, tous ces appels à la paix ou au désordre, à l'amour ou à la haine, viennent de

votre esprit. Un esprit tourmenté, haineux, coupable, égoïste… la Peur.
La Peur a pris la forme humaine ou animale ou végétale.
La Peur s'est personnifiée et la Peur ne peut que créer le désordre et la souffrance.

Elle vous enveloppe dans un carcan épais et sombre, terrifiant.
Oui, man', cela dure depuis des siècles et des siècles. A qui sera le plus fort, le plus puissant, dominant, à qui les autres obéissent, subjugués ou terrifiés. L'humanité a une histoire qui se répète sans cesse, avec d'autres visages, d'autres expériences. Il en sera ainsi tant que le Dormeur ne réalisera pas que l'être, qu'il est en train de faire fonctionner, n'est qu'une marionnette créée par son esprit dans le Rêve.
L'être humain est un pantin très bien structuré mais qui l'ignore, car la réalité qu'il vit lui apporte des données bien tangibles et bien vivantes de son existence, même lorsqu'il quitte ce corps pour un autre dans le domaine des « défunts ».
La souffrance sera toujours présente, les abus de pouvoir également.

Chaque être est la clé du changement.

Lorsque l'esprit prendra conscience de l'être qu'il est vraiment, la souffrance et la destruction s'effaceront des pensées de cet esprit.
L'Union à faire ! »

2

« Il n'y a pas d'un côté le Réel et de l'autre le Rêve. Comme le dormeur, il n'existe pas celui qui rêve d'un côté et de l'autre le personnage et les personnages du rêve faits par lui. Ils sont en lui, et non ailleurs.

Mais, Benoît, est-ce que cela veut dire que nos êtres véritables dorment actuellement et que nous sommes dans leurs rêves ?

Non, maman. Votre être véritable ne dort pas. Ce qui dort est l'entité créée par la Peur.

(Explication donnée dans le livre « Messages d'éternité, un Pas dans le Réel » :
A notre naissance, à notre création, la Force Vie a généré une telle puissance qu'une erreur s'est glissée lorsque chacun de nous a ouvert les yeux dans notre monde (comme le nouveau-né découvre les premières lueurs du monde où il vient de naître). Toute cette énergie engendrée a fait que lorsque nous avons ouvert nos yeux, notre cerveau (esprit) a mal interprété les données venant des sens (spirituels). Notre esprit n'a donc vu que du blanc. Il n'y avait rien, rien de rien, qu'une lumière blanche. L'interprétation de notre « cerveau » fut alors : « Je suis seul et il n'existe rien autour de moi ». La peur est née. La séparation avec nous-mêmes et avec notre monde réel s'est ainsi faite.

Que fait un esprit puissant lorsqu'il s'imagine qu'il est tout seul et qu'il vient de naître dans le Néant ? Il crée. Il se crée son propre monde, avec ses propres créatures et avec ses propres êtres humains. Il crée un monde dans l'illusion qu'il est seul et séparé de tout…
Une erreur qui perdure dans une « bulle », un monde imaginaire mais bien vivant, qui a pris le temps pour emblème et l'a enfermé dans cette « bulle » fictive, créant un monde mortel (et de défunts) …
Une toute petite erreur qui est déjà rétablie, qui n'existe déjà plus…).

Comment dire sans que je m'en mêle les pinceaux ? !

La Peur à notre « réveil », lors de notre création, a créé aussitôt un personnage qui s'est endormi, comme une extension irréelle de notre Être véritable.

Le « cordon ombilical » entre le personnage de la Peur et son Être Réel existe bel et bien. Il est une énergie qui relie le Dormeur à la Réalité.
Nous pouvons dire qu'il existe l'Être Réel de vous-même relié au Dormeur créé par la force de la Peur, et vous-même, être rêvé humain ou sous forme d'énergie en tant que défunt, par le Dormeur ou rêveur. Vous semblez bien loin de votre Vous Réel ! Et bien, c'est totalement faux ! Car le DORMEUR n'est qu'une illusion créée par Vous Réel lorsque vous avez pris peur à votre naissance.
En conclusion, le Dormeur n'existe pas, ainsi que son Rêve et ses personnages !

Balaize, hein, maman ! ?
C'est du coriace ! »

3

« La Présence que vous appelez Dieu n'a pas créé l'être humain, tel que vous le connaissez et l'utilisez.

La Présence n'a pas créé l'Illusion mais la Réalité.

« Dieu » n'est donc pas présent dans l'Homme, en vous, en tant qu'être humain.

Il s'est personnifié dans chaque Être Réel.

Lorsque vous regardez l'être en face de vous au-delà de l'apparence de son personnage, vous laissez le passage aux « yeux » de votre être véritable.
Vous communiquez avec Vous-même par ce cordon d'énergie vivante et bien Réelle. C'est le Saint-Esprit dont parlent des religions et des messages retransmis par « médiumnité ». Cette Energie connaît la vérité. Elle fait le lien entre le Rêve et la Réalité, entre l'Être véritable et le Dormeur, extension virtuelle de lui-même.
Quand le chemin est libre pour que cette Energie puisse circuler avec fluidité dans les deux sens, la communication s'établit aisément. Le « Saint-Esprit » entre alors en action pour que le Dormeur amène à réalisation l'Amour, la vérité de l'Être.

Ainsi s'efface l'Illusion, qui devient Une avec la Réalité. Seul le UN véritable existe.

La prière prend tout son sens quand vous parlez avec cette Energie. Elle concrétise vos souhaits, vos espoirs, résout vos problèmes, quand vous priez en union avec Elle, et lorsque vous allez au-delà de souhaits égoïstes. N'oubliez jamais : vous n'êtes pas seul dans ce monde, vous êtes unis à tous et au tout.

A quoi servons-nous, Benoît ? Pourquoi continuer à vivre si toutes nos existences ne sont que des illusions produites par notre esprit ?

As-tu l'impression, en cet instant, d'être une illusion, une non-existence ? Non. Tu es bien vivante, puisque tu ressens la vie, que tu « perdras » un jour, comme tous.

L'Illusion est faite d'énergie. La même que celle qui crée en Nous, dans la Réalité. L'essence en est la même, mais la qualité et la quantité sont modifiées.

Lorsque tu dors et rêves dans ton sommeil, l'existence et l'histoire que tu y vis et qui se projettent à ta conscience de dormeur, sont bien vivantes, réelles.

Actuellement, sous forme humaine – puis d'énergie en tant que défunte – tu es le personnage rêvé par le Dormeur. Le Dormeur est l'extension irréelle de l'Être Réel. Dans le Un vous êtes trois. J'explique : l'Être véritable, le Dormeur, le Personnage rêvé par le Dormeur. En réalité, ce trio forme une seule unité. Je sais, votre cerveau a du mal à saisir ! Ce n'est

pas vraiment important, parce que ce qu'il vous est demandé par Vous-même, l'Être vrai, est de faire confiance, une totale confiance, un ABANDON, en l'Être que vous êtes Réellement. Votre mental a besoin d'explication, mais l'Amour n'en demande aucune. L'Amour sait, il s'abandonne alors en l'Amour, et l'Union se fait.
Tout devient clair !

Tu n'as pas répondu à ma question, Benoît. A quoi servons-nous ?

Je n'ose pas dire à rien !! Car c'est faux. Vous êtes là, donc vous êtes utiles. Mais à quoi ?

Vous permettez à la Force qui vous relie au Réel d'agir en vous et dans vos mondes.

Vous parlez d'expérience, que vous êtes ici pour expérimenter. Même si ce concept n'est pas tout à fait exact, il a une certaine réalité par le fait que vous apprenez à AIMER. A voir au-delà de l'apparence des personnages, lorsque vous acceptez vraiment l'abandon en l'Amour, en une onde que peu de personnes connaissent.
Vous servez donc, en l'état actuel, à amener l'Amour dans le Rêve du Dormeur. Dormeur qui prendra à son tour conscience de la Force Amour qui est en lui. Puis, la vibration sera si intense et si légère, que le Dormeur se réveillera de son Rêve. Le personnage du Rêve aura rejoint la conscience du Dormeur. Il saura qu'il est ce Dormeur, qui

reconnaîtra qu'il est l'Être véritable. Cet Être qui a eu peur le <u>temps</u> de réaliser que la Peur n'était pas Réelle !
Est-ce toujours aussi balaize, man' ?! »

4

Ce personnage, Benoît, se met facilement en colère, se cabre. Il réagit au quart de tour !

« Ce sont des stéréotypes ; ils permettent d'étudier le fonctionnement de l'esprit humain. Le Mental de l'humanité a un grand besoin de cases, de tiroirs, de rangements, pour pouvoir tout classer. Mettre des noms, pour comparer, juger ce qui est normal et pas normal, selon les directives et les croyances de quelques personnes de l'humanité. Ces dernières changent avec le temps qui s'écoule (elles ne sont pas éternelles !)

La personnalité du personnage provient de toutes les croyances et les connaissances qui ont participé à son développement. L'environnement, la culture font partie des croyances et des connaissances. C'est pourquoi il est difficile à cet être rêvé par le Dormeur de lâcher totalement prise. L'ancrage est bien fait !

Comment ce personnage peut-il ne plus « démarrer au quart de tour », ne plus être triste, ne plus douter de la Présence de Soi et de la Fraternité ? Comment ce personnage peut-il se sortir de la brume où il se trouve, persuadé que le monde ne peut être que violent et mauvais ? Tout semble si évident, tant ressenti en esprit et dans la chair !

Je vous demande, depuis des années selon votre temps, de lâcher prise, avoir totalement confiance, ne plus douter, croire en la Présence invisible (pour vous) si aimante. Il semblerait que je demande « la mer à boire » ! Vous vous braquez. Vous restez sur vos positions même si, cependant, elles bougent petit à petit.

Le Personnage rêvé par le Dormeur a peur, parce que le Dormeur qu'il est également est terrifié par ce qu'il voit, entend, par tout ce qu'il se passe dans ce Rêve collectif.

Benoît, la Peur est donc la racine de notre entêtement à douter, à ne pas s'abandonner totalement à votre Présence ?

Oui, une racine bien profonde qui semble aussi très tenace.
Le Dormeur a peur et n'entend pas l'appel au réveil que lui lance son Être réveillé. L'illusion du Soi continue ainsi à propager cette Peur dans les différents mondes de la Conscience.
Aujourd'hui, je vous demande de visualiser ce Dormeur qui vous rêve en ce monde violent et terrifiant. Visualisez cette Energie qui vous relie (vous le Dormeur) à votre véritable Être qui veille sur vous. Sentez, imaginez cet Amour que vous vous envoyez à vous-même. Vous, dormant, et vous, personnage rêvé. Tout cet Amour qui passe par cette Force vibrante de Vie.
Vous vous Aimez.
Acceptez ce fait. »

5

Benoît, tu nous dis depuis le début que nous sommes les acteurs et les auteurs de notre histoire. Mais, si le Dormeur est l'auteur de notre existence, comment pouvons-nous en être également les auteurs ?

C'est simple, maman. Le Dormeur et le personnage du Rêve, que tu représentes actuellement dans ton esprit, sont <u>un</u>. Il s'agit du même esprit ! Tu es le Rêve, le Dormeur, et l'Être Réel, mais en ce moment tu n'as conscience que du Rêve.
Tu vois que c'est simple !! Je plaisante, j'adore ça !
Il existe le Rêve où tu amènes la Force Créatrice qui est aussi la Force qui relie le Dormeur à son Être Réel.

Le Dormeur et le personnage du Rêve ont la même essence que l'Être Réel.

N'essaie pas de comparer ou de juger les données que je te donne avec celles que tu vois dans ton Rêve. Elles ne sont pas comparables. OK ?
Du fait que l'essence est la même, l'Amour peut exister dans le Rêve. Rien n'est infranchissable pour la Force Amour, pour la Force Vie.
Votre monde est transparent, ceux des défunts également. Tu es translucide et le Dormeur que tu es également. Il n'existe aucune limite.

Seule l'illusion d'une forme bien délimitée provoque l'impression que tout est bien compact.

Il n'en est rien, puisque seul Rien existe dans l'Illusion.
Tu es donc l'acteur et l'auteur de ton histoire, tu peux donc la modifier ou passer au-dessus de tous ces malentendus et abus dont font preuve les êtres humains. Tout dépend de ce que tu vas mettre dans tes pensées, dans ton imagination. C'est-à-dire, avec « qui » tu veux t'unir pour réaliser la Force de l'Amour en ces histoires.

Tout, mais alors TOUT, est transpercé, enveloppé, baigné, dans la substance AMOUR.

Amène cette Force à Réalisation, la rendre visible dans cet invisible qui vous entoure et vous forme. Ce n'est pas la Réalité, la vérité, ainsi que tous ces Êtres Réels qui vous paraissent invisibles. Il s'agit de l'Illusion dont vous croyez faire partie ! »

La réalisation de vos désirs en ce monde est tout à fait possible. Vous parlez de pensée positive, de son action sur votre existence. Nous vous emmenons plus haut que la pensée positive et sa force de création. Nous vous dirigeons directement vers la Force Créatrice. Nous vous amenons à son contact.

Cette Force est puissante, puisqu'elle est le mouvement et l'expression de l'Esprit. Elle est l'Esprit en action.

L'Illusion où vous êtes ne vous empêche pas de faire appel à sa Présence. Contacter la Force Créatrice, c'est contacter l'Esprit Créateur. Nous tous faisons UN avec cet Esprit. Nous sommes cet Esprit Unique et Multiple par ses personnalités si différentes et innombrables.

Tu as des problèmes financiers, tu as peur, tu es angoissé(e), tu te sens seul(e), incompris(e), en état d'échec… ? Va plus loin que la pensée positive ou l'imagination créatrice. Nous sommes là, ton Être véritable est là, bien présent. Fais appel à Nous, Esprit Aimant et Bienfaisant.

Tous les problèmes créés dans l'Illusion, comme la maladie par exemple, peuvent disparaître totalement parce qu'ils n'ont aucune existence dans la Réalité. Ils sont inconsistants et malléables. Je dirai, vous pouvez « jouer » avec eux, et c'est ce que vous faites.

Les croyances en la présence des problèmes leur permettent de prendre forme.

Je vous donne un exemple : vous êtes à la plage et vous remplissez votre seau de sable humide. Vous donnez une forme au sable, qui durera le temps que la Nature lui donnera (vagues, pluie…) ou même vous en le détruisant. Vous avez utilisé un moule pour créer une forme à partir d'un élément (ici le sable). Il en est de même dans l'Illusion. Vous créez un corps qui devient un moule où vous allez verser une carence, un problème biologique, physique, ou mental. C'est vous qui remplissez le moule, même lorsque vous êtes embryon dans

le ventre de votre mère ou enfant. Votre esprit crée avant l'incarnation en tant qu'être humain.
C'est pourquoi je vous dis, faites attention avec quoi vous remplissez le moule. Qu'il s'agisse du corps ou de votre histoire.
Je vous donne ce conseil.

Mettez dans le moule de votre corps et dans toutes les représentations de votre existence, la Présence de la Force Créatrice, son Amour, sa Bienveillance.

Elle vous donnera tout ce dont vous croyez avoir besoin (en Vrai vous avez déjà tout).
Effacez vos attitudes négatives, vos actes et pensées égoïstes. Soyez avec la Force Créatrice, avec son Amour et sa Bienveillance.
Soyez sincère, soyez vrai. »

7

Quand je vois le changement climatique, toutes ces catastrophes (incendies, inondations…), les guerres, la « folie » humaine, je comprends que le Dormeur que je suis soit terrifié par son Rêve ! Y a-t-il une solution, Benoît ?

« La solution existe, maman. Mais, qui va l'appliquer ?

Il y a tant de rechignement, de déni, de soif avide de puissance… Nous nous posons la question : qui va oser appliquer la solution ? Je t'intrigue !

Oui, tu parles comme si la solution était l'extinction de l'humanité et la disparition de la Terre telle que nous la connaissons !

Ce ne sera pas le cas. La solution est beaucoup plus simple et bienveillante.

Elle demande seulement au Dormeur de dicter un changement dans la façon de penser de son personnage.

Je te l'ai déjà dit, tout est malléable, transformable. L'Illusion est une projection virtuelle du Dormeur, qui est lui-même un résidu fantasmagorique de la Peur ressentie par toi-même, Être Réel. Tout peut donc changer, malgré les apparences qui font croire à l'éclosion du Mal, de la violence, des catastrophes.
Le lâcher prise est nécessaire, loin de la Peur.

La peur est un effet de l'erreur dans la perception de ce qui est Véritablement là.

Elle devient la cause des événements et des comportements dans le Rêve. Un effet est éphémère. Puisque la peur en fait est un effet et non une cause, elle peut donc disparaître totalement dans l'Illusion.
Seule la Cause existe, la Force qui a généré l'Effet.

Seule la Force existe.

Puisque seule cette dernière est vraiment Réelle, qu'est-ce qui vous empêche de renverser ou d'inverser ce processus destructeur qui est en cours ? Vous-même ! Le libre arbitre dont vous aimez tant parler.

Vous ne croyez pas en l'Amour, en la puissance de l'Amour, en son Existence.

Vous croyez aux sentiments, aux émotions, et vous donnez à ces derniers la puissance qui régit en votre monde.

Changer, devenir autre, avoir la Paix, l'Harmonie, la Sécurité, la Joie, l'Amour, sont de l'espoir résultant de l'émotion et des sentiments. La Peur est sous-jacente, c'est elle qui vous incite à désirer tout ce changement de vous-même. Et non l'Amour.

Vous n'aspirez pas à l'Amour, parce qu'il vous est inconnu et incroyable.

Si vous désiriez vraiment entrer en contact avec la Force Créatrice de l'Amour, vous vous abandonneriez totalement dans ses Vibrations (même si vous ne savez pas comment elles sont).

Aspirer à l'Amour devient un oubli des croyances, de la personnalité du Rêve, car le Dormeur s'emplit de l'Amour au point d'oublier le sujet du Rêve. Et, le Réveil se fait.

L'extension virtuelle de l'Être Réel devient UN avec lui-même. »

8

« Lâchez les ballons que vous tenez si fermement dans vos mains par peur qu'ils s'envolent. Lâchez. Lâchez. Ils iront là où ils doivent aller ; dans les airs, suivant les courants invisibles de l'air mais bien présents.
Vous vous cramponnez à ces ballons, par peur de les perdre. Vous croyez n'avoir qu'eux. Vous croyez qu'ils vous maintiennent bien enracinés sur la terre. Vos pieds se tiennent fermes ou instables sur le sol. Un sol plat, caillouteux ou sableux, ou qui grimpe, ou plein de trous ! Un sol inégal, comme votre histoire. Une histoire qui se déroule avec des hauts et des bas, ou que des hauts, ou que des bas. Un jour avec, un jour sans. Vous êtes tels que la Terre et la Terre est comme vous : instable, inégale, toujours en mouvement, en ébullition. Vous vous ressemblez ! Et c'est normal.
Le Dormeur a conçu la Terre, les Univers, les mondes d'énergie des défunts. Mais, à partir de quoi le Dormeur a-t-il imaginé tous ces éléments ? A partir de qui le Dormeur s'est-il inventé des personnages de lui-même, à travers lesquels il semble vivre ? Tout simplement à partir de la Réalité !
N'oubliez pas, le Dormeur est relié à son Être véritable par ce « cordon » d'énergie, des vibrations de Vie, d'Amour, de Puissance. Son Être Réel lui communique des renseignements sur la Réalité. Cette extension de lui-même, virtuelle uniquement, est bien vivante pour l'Être Réel, même si il sait qu'en Réalité elle n'existe pas. Un souvenir qui perdure dans la Réalité et que chaque Être, ensemble, purifie. Comme une faute dont on veut se pardonner. Mais, alors, votre Être Réel est comme les êtres humains, se sentant coupable, voulant être pardonné ? Non, nullement. La faute n'existe pas.

Compliqué, compliqué ! Ce Beun vous étourdit la cervelle !
Comment quelque chose qui n'existe pas peut-il perdurer et être comme vivant, ressentie vivante ?
Le TEMPS.
Il en est la cause.
La Peur a créé un nouveau temps qui ne correspond pas au temps véritable.
Votre Être Réel a conscience de cet autre temps où « naviguent » la Pensée du Dormeur et le Dormeur. Une image vivante qui s'est imprimée dans un certain mouvement du Temps.

Le Temps modifié altère la perception Réelle du Monde et des Êtres.

Cela devient compliqué pour mon cerveau, Benoît, mais je te crois !

C'est cela, maman. Croire en des paroles qui te viennent d'ailleurs, de bien loin semble-t-il ! Les sceptiques vont te « lyncher », man' !
Blague à part. Tu reçois parfaitement nos paroles, nous tous formant Je le UN. Nous vous apprenons à vous dépouiller de toutes vos certitudes, de vos doutes et de vos peurs. Nous vous rapprochons de NOUS, l'Esprit Unique Créateur.
Je m'exprime à toi à travers Ma Force.
Tu finiras par la ressentir vivement en toi et autour de toi. Tu pourras alors donner la main à ton véritable Être, que tu as déjà vu.
Sois en paix et reçois. »

9

Je ne suis pas prête d'Aimer. Une partie de moi se rebelle, est en colère. Je ne peux Aimer dans la Présence de l'Amour tant que le Dormeur que je suis ne laissera pas le passage aux vibrations de l'Être que Je Suis.
Finalement, tout ce qui est moi dépend du Dormeur que je suis !

« Abandonner, maman. Je te l'ai dit, oublier tes certitudes, toutes les croyances et visions que tu as de toi. Tu es le Dormeur, donc la réciproque est valable. Tu peux influencer le Dormeur, lui faire prendre conscience de la Vérité. L'un et l'autre vous agissez ensemble.

Mais où est l'Être Réel ? Je ne me sens pas du tout proche de Moi-même !

Et pourtant, si tu savais, Vraiment. Tu n'as pas à être proche de ton Être Réel, puisque c'est toi !
La séparation n'existe que dans ton esprit. Laisse l'Amour Vie agir en toi, dans ton esprit. Il te montrera la Vérité, te la dira, te la fera vivre.
Abandonne. OK ?
Tout est bien plus simple que vous ne le pensez.

Le sentiment de séparation vous apporte le doute, vous pensez alors être quelqu'un d'autre.

C'est pour cela qu'il existe plusieurs personnages dans votre mental. Vous les exprimez selon les situations dans lesquelles vous vous trouvez. Rien n'est bien net et précis dans votre tête, sauf chez certains qui sont persuadés qu'ils savent ce qu'ils veulent !

L'innocence, maman, n'est qu'un mot, comme la culpabilité, le péché. Ils viennent des cases établies par l'ordre humain. Le contrôle, voilà aussi à quoi servent ces cases. Rien n'est parfait, rien n'est imparfait, car tout est Vrai, mais seulement mal perçu. Et c'est bien dommage, car cela vous donne beaucoup de tourment !

Vous bloquez l'Energie qui vibre dans le moule corporel. Vous bloquez ou malmenez l'Energie qui remplit le moule formé par votre monde et votre univers.

Vous voulez tout contrôler, tout obtenir.
Avoir la santé, l'argent, les terres, le ciel, les autres, l'amour, les enfants, etc. Tout avoir. Même la maladie, la ruine, la misère, les inondations… vous comprenez la suite, j'arrête d'énumérer !

Tous vos tourments viennent du fait que vous voulez toujours obtenir quelque chose ou quelqu'un.

Vous voulez même atteindre le nirvana, la béatitude spirituelle ! Je vous souhaite bien du courage !
Obtenir, prendre, perdre. Voilà ce qu'est l'être humain qui se raccroche aux branches de sa réalité virtuelle.

Je ne vous critique pas et ni ne vous condamne. Ces pensées n'existent pas en Moi. Je ne suis pas non plus un défunt qui doit être bien éveillé, bien « haut », comme disent des personnes qui me lisent.
Je Suis. Comprenez-vous ?
Je suis vibrations de l'Amour.
Je suis vibrations de la Vie.
Je suis vibrations de l'Esprit Un Créateur qui s'est personnifié.
Je suis le UN et l'un des Multiples !
Lorsque je vous parle, lorsque je te parle et te dis « maman », je suis bien l'être que tu as connu ou que vous avez connu. Je suis toujours Benoît, mais Entier, Moi-même.
Lorsque je vous parle, ma parole est UNE avec Tous.
Je vous Aime. Nous vous Aimons. »

10

Un extrait d'un message de Benoît en 2013.

« Vous rêvez, vous espérez. Vous vous faites des « images » dans votre tête avec l'espoir qu'elles se réaliseront. Et ça, c'est le « quelque chose » qui vous donne l'impression que quelque chose vous échappe. Faut pas chercher plus loin : vous vous mettez dans un état d'attente, au lieu de vous abandonner.

Vous « courez » après un espoir, après une « image » que vous vous mettez dans l'esprit. Si l'image se réalise, vous vous sentez heureux, comblé, jusqu'à ce que votre réalité ne corresponde plus à votre « image ». Et là, c'est à nouveau une recherche, une nouvelle « image » qui s'impose dans votre esprit.

Pour que plus rien ne vous échappe, ne mettez plus rien dans votre tête !

C'est aussi simple. Vous ne pourrez pas lâcher prise tant que vous garderez des images que vous vous fabriquez dans la tête. Elles viennent de l'espoir, de la possibilité que votre vie devienne ainsi, qu'elle serait mieux si elle correspond à vos images.
Aimez être avec VOUS !
Appréciez votre présence, là, maintenant, pas dans les rêves, dans l'attente… »

11

« Abandonner, quitter le Rêve, vous semble bien ardu, et c'est normal. Ne vous condamnez jamais, ne vous jugez pas, ne vous rejetez pas. Vous renier pour entrer dans l'expérience d'un autre n'est pas bon en soi. Apprenez à vous regarder. Voir vos pensées, entendre vos attentes, celui ou celle que vous êtes maintenant, en ce temps.
Ne reniez pas votre corps, la matérialité de votre monde, l'existence que vous avez eue et avez. Tout cela fait partie de la conscience actuelle que vous avez de vous-même, des autres, etc.

Le Rêve est un monde vrai pour l'état actuel de votre conscience de la Vie.

Ne l'oubliez jamais. Se renier, rejeter tout ce qui est soi et a fait partie de vous, est une erreur à éviter.

Le chemin pour atteindre l'étape ultime, c'est-à-dire l'Union complète, semble interminable et semé d'embûches, de tentations, de perditions, d'erreurs.

Quelle ERREUR de croire cela !

Le chemin semble vouloir vous mener vers un but. Que de recherche, que d'expérience à faire, que d'espoir, d'encouragement et de découragement sur le tracé de ce chemin.

Le chemin vers le but « atteindre le Soi » est un chemin fictif, totalement irréel, auquel vous donnez une réalité.

Pourquoi ? Vous ne pouvez accepter ce qui est Véritablement, c'est-à-dire : il existe soit l'Illusion, soit la Réalité.

Les sens et votre façon de penser et de croire vous donnent la certitude qu'il ne peut exister une Réalité à laquelle vous semblez n'avoir aucun accès.

Vous pouvez accepter qu'il existe un au-delà à l'apparence physique. Vous pouvez accepter qu'il existe un Être UN où chaque esprit, chaque âme (vous aimez ce mot), se fond en Lui. Vous aimez la spiritualité, ce qui est inaccessible.

Mental ? Esprit ? Âme ? Les mots ne sont là que pour essayer de définir l'inaccessible.

Le chemin vous mène vers cette ascension, si mystique, si scientifique, si analysée, décortiquée…Vous avez beaucoup de travail à faire : travailler sur vous-même, votre pensée, votre vision… J'en suis tout retourné !

Chercher. Chercher. C'est fatigant !
Arrêtez-vous. Stoppez. Et croyez en Vous.
Votre Être Réel est bien présent, même si vous êtes persuadé qu'il est très loin, introuvable.

Vous êtes présent à votre VOUS Réel.

Arrêtez, mettez le silence. Ne cherchez plus, ne mettez plus des « images ». Ressentez. Ressentez.
Sachez que la simplicité vous révèlera ce qui est Vrai. Uniquement la Confiance en cette certitude : l'Amour existe.

Les Vibrations Réelles de la Vie sont tout autour de vous et en vous.
Aucun chemin ne vous y mènera, car vous y êtes déjà.

Vous avez les pieds, tout le corps dans le vrai Réel, seule votre perception erronée de la Vie ne vous le montre pas.
Accordez-vous avec votre Être véritable. Là est la clé de cette porte que vous croyez présente et fermée. Une foi toute simple en l'Amour, en ce qui EST.
Soyez en paix. Et cette paix s'étendra comme les vibrations d'un galet lancé sur l'eau. »

12

Je me rappelle très bien, Benoît, la nuit où j'ai entendu de mes oreilles ta voix. Elle venait du plafond. Tu répondais à la

question que je t'avais posée la nuit avant celle-ci : « Où es-tu, Benoît ? ».
Il y a eu d'abord un bruit dans mes oreilles qui m'a réveillée. Il a persisté jusqu'à ce que je lui prête mon attention et que je réalise qu'il se passait quelque chose. Tu m'as alors parlé, de vive voix, très nettement.
« Je suis là-haut ».

Je suis à nouveau engluée dans le doute…

« Le doute apporte douleur, une grande peine parce qu'il te fait croire que nous sommes séparés, que je n'existe plus. Le doute apporte la peur, la tristesse, le manque d'Amour.
Vous avez tous en vous une forme de doute, sur le monde, sur l'humanité, l'au-delà, l'avenir, etc. Vous avez alors la sensation que le ciel vous tombe - ou va tomber - sur votre tête ! Il n'en est rien. Le doute fait qu'on n'entend plus et qu'on ne voit plus ceux qui nous sont chers et « disparus ».
J'existe toujours, maman. Je suis le véritable être créé et pensé par l'Esprit sans fin et sans commencement. Je suis Benoît, celui dont tu gardes l'amour et la présence. Je ne suis pas l'un ou l'autre, Je suis. Toujours là, au-delà du voile qui rend aveugle et sourd.
Je suis bien là-haut ! Nous disons là-haut parce que les vibrations de notre Vie sont plus légères, rapides, magnifiques. Pour te répondre de vive voix, j'ai utilisé l'énergie - ou force - de la vibration qui permet de franchir le portail invisible et virtuel. Un portail entre le monde illusoire et le monde Réel. C'est comme si je te parlais dans ton sommeil ; le cerveau capte les paroles et te les retransmet. La

plupart du temps j'utilise les mots présents dans ton cerveau pour te donner mes paroles par une sorte de télépathie.
Je suis donc bien présent, je t'entends et je te vois. Nous vous entendons et nous vous voyons. Et cela n'a rien d'extraordinaire ! C'est dur pour vous de vraiment le croire et l'accepter. Vous l'espérez. Mais, l'espoir entraîne une attente, et l'attente ne fait pas partie de la Réalité mais de l'Illusion. Enlevez le doute. Enlève le doute, maman.
Sois heureuse de nous entendre. Aie confiance en ta capacité de nous voir et de nous entendre. OK ?

Merci, Benoît.

13

Avril 2011

« Laissez la souffrance, elle n'est qu'un leurre, qu'un lien qui vous rattache à ce qui n'existe pas vraiment, à ce qui n'est pas vous. Elle vous attache au monde de la peur, où chacun trouve une souffrance qui en fait n'est pas la sienne.
Être Vrai, c'est cela le but sur cette terre, qui est vôtre le temps d'un passage, que vous renouvellerez jusqu'à la perfection de votre âme. Une perfection qui vous rapprochera de plus en plus de Moi, de Nous, tous ensemble. Ne l'oubliez pas, nous sommes unis, quoique disent les images que vous voyez, quoique disent vos cœurs endoloris.

Nous sommes UN, dans un tout immense, empli d'amour et de joie. C'est cela votre vraie vie.

Abandonnez les pleurs, abandonnez tout ce qui vous tire vers le bas, allez plus haut, ouvrez votre conscience. Que la porte soit grande ouverte et nous pourrons travailler ensemble, il n'y aura plus de limites dans notre compréhension.

Laissez l'Amour être, il n'y a pas d'autres secrets. En vérité, tout est simple, seul l'ego complique tout. Votre mental a voulu une existence propre et il s'est forgé une vie, une histoire, qui n'est pas la vôtre, Réelle.

Vous êtes autre, immense dans l'immensité, n'ayez plus peur. Je suis là. »

Aujourd'hui

« Je serai toujours présent, en vous, autour de vous, dans ce qui vous semble « inconnu ». Il ne peut en être autrement.

Je m'appelle Benoît, Nicole, Aurélie, Frédéric, Nathalie, Daniel, Marie-José… J'ai tous les noms que vous me donnez. Je ne suis donc pas un inconnu pour vous ! Mais vous me voyez différent de ce que Je suis, avec des défauts, des erreurs dans ma tête, des maladies, de la tristesse, de la peur… Vous me donnez toutes les erreurs et les faiblesses qu'a inventées l'esprit de l'être virtuel !

Je ne suis plus un Dormeur. Je ne suis plus le personnage rêvé par le Dormeur.

J'ai ouvert en grand, dans l'immensité de mon esprit, ma conscience de la Vie, Sa Force qui est aussi la mienne.

Je suis la Vie de la Vie Amour, Puissance, Bienveillance, Beauté, Harmonie. UNION.

OK ? »

14

<u>2020</u>

« La mort est une image, mon enfant. Elle est éphémère, elle est le symbole de l'esprit qui refuse de se réveiller.
L'être humain peut entrer dans un état comateux. La conscience semble alors perdue, égarée dans l'oubli ou dans des rêves que l'être oubliera à son réveil, s'il se réveille.
La mort est comme un coma pour l'esprit.
La mort n'est pas la Vie telle que Je l'ai créée.
La mort semble vivante aux défunts. Ils réalisent que seul le corps de chair a disparu et certains comprennent que les vibrations de leur esprit ont changé. Ils savent alors pourquoi les « vivants » ne peuvent les voir et ni les entendre.
La mort est un état où une porte va s'ouvrir sur autre « chose ». La Vie se poursuit… puisqu'elle ne peut mourir.
A présent, vous allez changer toutes ces croyances qui sont en vous, elles amènent la réalisation de ce qui est faux.
La dualité existe également dans les mondes des défunts. Elle est la conséquence de ce que l'esprit n'arrive pas à croire à autre « chose ». Il laisse les pensées qui l'entourent et que lui-même crée envahir son état d'Être.
Ce qui existe – au vrai sens du terme – sont les vibrations de Mon Amour et Ma Présence. Vous vous êtes fermés à Moi, laissant l'oubli vous enfermer dans des mondes dont

l'existence est aussi fine et éphémère qu'une feuille de papier cigarette.

Vous aimez ce qui est nuisible à votre corps et à votre penser. C'est normal. Ne cherchez pas un coupable, ne cherchez plus l'erreur. SACHEZ. Voilà ce qui vous est demandé à présent.

Sachez que l'existence est l'Etat de la Vie, joyeuse, heureuse, aimante. Elle chante. Elle aime. Elle est couleur, harmonie, abondance. Elle est Union. Oui, la Véritable existence est ainsi. Vous allez donc mettre dans votre penser cet Etat là, malgré toutes les apparences. Vous allez au-delà des images que votre esprit vous renvoie.

Y a-t-il donc votre esprit et vous ? Oui et non.

Les deux n'existent que dans ces mondes de dualité où les opposés se contredisent et s'acharnent sur vous. Vous êtes unique et vous formez le Tout en même temps.

Les images vivantes que vous vivez sont animées par ma Force, mon Energie. Vous l'utilisez en toute conscience ou en toute inconscience.

Changez la forme de vos images en acceptant à bras ouverts la Réalité de cette Force que Je suis. Et, ce que Je suis, vous l'êtes également.

Tout est question de choix dans vos croyances. Acceptez la mort. Puisque vous l'avez mise dans vos certitudes qu'elle existe. Mais, SACHEZ que la Vie ne peut mourir et que vous êtes chacun la Vie.

Il en est ainsi. »

15

Au chapitre 14, il est dit : il est normal que nous aimions ce qui est nuisible à notre corps et à notre penser. Pourquoi ?

« Tout est Erreur, Faux. Ce qui est « normal » est donc faux, une erreur. Il ne peut en être autrement. Le « normal » est la conséquence de cette Erreur dans laquelle votre esprit fonctionne.
L'Erreur est nuisible, et votre esprit aime ce qui est « normal » pour vous. Qu'en déduisez-vous ? Réfléchissez.
Le « normal » ne peut être que nuisible, il vous garde dans le penser et la perception erronés, perturbés. Vous croyez au « normal ».

Nous devons aller au-delà des apparences... Elles sont pourtant bien présentes, nous avons le corps et l'esprit en elles.

Oui, les apparences ont leur propre réalité. Elles sont la vérité pour le personnage rêvé et par son Dormeur qui rêve de lui. Elles font partie de l'histoire universelle ou individuelle créée par le Dormeur.
Le Dormeur se trompe et imagine des apparences qui ne sont en fait que virtuelles.
Nous demandons donc au personnage du Rêve de déformer les croyances du Dormeur, en lui apportant à sa conscience une autre conception de la Vie, de la Vérité.
Voilà à quoi servent nos paroles. »

16

Novembre 2011

Qu'attends-tu de moi ?

« Mon enfant, j'attends que tu sois prête et nous pourrons alors agir ensemble.
Je ne demande pas une vie extraordinaire, sous les feux de la rampe.
Je demande une vie simple, naturelle, où Je suis Moi, où il n'y aura plus de toi et moi, où Je ne serai plus « séparé » de toi. Voilà ce que J'attends.
Que nous puissions œuvrer ensemble. Et que Je sois reconnu, par toi, et par tous ceux qui t'entourent.
Je pourrai alors être Tous.
Rien d'extraordinaire, Nicole. Sois Ma fille, sois Moi et toi, Moi.

Pour Benoît ?

Que veux-tu savoir, mon enfant ? Si ton fils est toujours ton fils ? S'il est bien auprès de toi ?
Ne « vois-tu » pas son sourire bienveillant et heureux ? Il sera ton fils jusqu'à ce que vous le décidiez ensemble. Pour le moment, oui, il est ton fils. Vous avez tous besoin de lui en tant que fils, frère, ami, cousin, mari, neveu. Alors, il est ainsi. Benoît est toujours Benoît. Il vous aime et il reste auprès de vous. Tu n'as pas à avoir de culpabilité. Tu ne le retiens pas auprès de toi, tu ne l'empêches pas de vivre la vie qu'il a à vivre. Il est en Moi, il est Moi et il est lui ! Il avance.

Il est votre guide à vous tous. Je lui donne les mots et la Force pour qu'il puisse vous parler et se manifester à vous.

Je ne suis pas un être extraordinaire.

Je suis un être qui vit quand chacun de vous accepte d'être ce qu'il est Réellement, Moi.

Je ne suis pas un maître.

Je suis un père, une mère, un frère, une sœur, un fils, une fille… Je suis tout cela en prenant la forme que chacun de vous a, en ce moment. Vous êtes mes mains, mes yeux, mes jambes. Vous êtes le corps où Je suis. Il n'y a pas de vous, pas de toi, seulement toi et Moi unis dans le Moi, le UN.

N'aie pas peur, mon enfant. Tu ne te perdras jamais en Moi. Tu seras toujours la personnalité que tu es et beaucoup plus, dans l'Union. Ton fils est déjà ainsi. Et pour vous aussi, mais vous n'en avez pas encore vraiment pris conscience.

Sois, mon enfant, et Je serai. »

17

« Je veux te reparler du Dormeur, extension virtuelle – ou avatar – de l'Être Réel.

Tu as déjà vu la scène où vous êtes tous debout, les yeux fermés et immobiles, reliés les uns aux autres par un « fil » au niveau de vos têtes. Nous circulons autour de vous et parmi vous, bien vivants et heureux.

Extrait de « Messages d'éternité, Un Pas dans le Réel »

« Ce matin, Benoît m'a montré la vision de mon corps debout, immobile, les yeux fermés. Nous étions des milliards ainsi. Tout autour de nos corps inertes vivaient un monde et des êtres qui bougeaient, dont Benoît.
Tous nos sens étaient hermétiquement clos, et tout se passait dans nos têtes. La vie que nous vivions actuellement, dans le monde que l'on voit. A l'intérieur de nos têtes, nos esprits étaient reliés par des fils invisibles ; l'inconscient collectif. Et Benoît m'a dit : « Voilà pourquoi je vous dis que vous êtes déjà là », en me remontrant nos corps immobiles dans le monde Réel. »

Le Dormeur est cet être endormi que tu as vu et les fils sont les ondes, les pensées, que chaque Dormeur transmet à tous. Le personnage du Rêve ne se voit pas. Il est dans la tête du Dormeur et ne peut se voir.

Nous circulons entre chacun de vous Dormeur, aucun fil ne nous relie. Nous sommes <u>entiers</u>. Aucun cordon également avec le Dormeur. Comme si nous étions à part, menant la Vie telle qu'elle est Réellement.

Je pose cette question : pourquoi chaque Être Réel a-t-il la représentation de lui-même en Dormeur ou avatar ? Cela semble absurde et incompréhensible !

L'Erreur quia créé le Dormeur et son monde virtuel n'explique pas tout. Il existe autre « chose » qui n'a rien de concret, qui mène sa vie en parallèle, comme si elle était autonome.

Une énergie fantôme, créée elle-même par le surplus de force qu'il a fallu pour créer les Mondes et ses Êtres, les différentes personnalités de l'Esprit.

Cette énergie est un résidu de l'Erreur, perpétuant l'existence de cette dernière, rendant tout bien réel, bien vrai dans sa bulle de vie.
Le Dormeur n'y est pas, mais le personnage rêvé par lui, l'est.
Incompréhensible, n'est-ce pas ? Où se situe donc le Dormeur ? Nulle part !
Où se situe cette bulle d'énergie vous englobant dans l'Illusion d'un monde et de plusieurs existences vécues par vous-même ?

Dans l'esprit de l'Être Réel !

A quoi sert donc le Dormeur puisqu'il n'est nulle part, dans aucune énergie ? Il sert à relier chacun de vous à son Être véritable. Il est l'intermédiaire virtuel entre vous et Vous.
Je vous ai déjà dit que le Dormeur était relié à l'Être Réel par un « cordon ombilical » d'où passent les informations, la force Vie de cet Être. Le Dormeur est, en fait, le « cordon ombilical ».
Vous voyez où je vous emmène ? Je réduis tout ce soi-disant chemin à faire pour être Vraiment Vous. De trois, vous passez à deux ! Le personnage du Rêve relié directement à son Être Véritable par un Dormeur sans consistance, sans Energie de Vie. Plus tard, je vous amènerai à réaliser que

l'avatar n'a aussi aucune consistance, seulement celle que lui donne l'énergie fantôme du Rêve.
Allons-y progressivement ! »

18

<u>26 mars 2012</u>

Cette nuit j'ai fait un rêve où je voyais plein de gros serpents menaçants.
Je me suis réveillée et, là, j'ai aussitôt vu – et ressenti – un énorme serpent se dresser bien droit dans mon corps, à partir du bas de la colonne vertébrale jusqu'à ma tête. Il me regardait froidement, la tête face à moi. Je la revois, triangulaire avec des yeux bien ouverts et un regard froid.
Je ne me sentais pas bien !
Je ressentais vraiment la présence du serpent dans tout mon corps. Je me suis même fait la réflexion : « Je suis un serpent ». Mais, aussitôt, j'ai rectifié ma pensée : « Non, il est là en plus, ce n'est pas moi ».
J'éprouvais de la crainte et je ne voulais pas me rendormir avec sa vision et sa présence. J'ai donc visualisé une lumière, la lumière de l'Esprit Amour. J'y croyais, j'ai alors vu tout le serpent irradier de lumière. Il est devenu de plus en plus petit et s'est éloigné, pour disparaître.

<u>Aujourd'hui</u>

« Le parasite, sous le symbole du serpent.
Le serpent est un mythe établi dans bien de croyances religieuses ou non.
Le parasite serait donc ce serpent, froid, dominateur, sans sentiment. Il prend votre place. Mais, tu as bien vu, à cette époque, que le reptile disparaît avec la lumière Réelle de l'Amour. Il n'a alors plus aucune importance et s'efface à tout jamais.

En fait, le serpent symbolise l'usurpation de votre identité Réelle par un autre état de penser et de perception.

Il est la représentation de cette énergie fantôme dont je vous parlais dans le dernier message.
Il n'a aucune existence !
L'énergie qui crée une nouvelle perception et une matière très basse n'existe pas. Elle est juste un reste, un résidu, un ersatz, de l'Energie Réelle utilisée par l'Esprit pour exprimer la Vie. Elle est fausse, sans consistance, mais bien réelle pour les mondes qu'elle s'emploie à « fabriquer ». Plus exactement,

Elle est utilisée par l'esprit qui rêve et fabrique ses vies et ses mondes.
Si j'ai bien compris le dernier message, le personnage que je suis a son existence dans l'esprit de l'Être Réel. Mon esprit est dans son esprit. Mon Être Réel en a-t-il conscience ?

Tu limites l'Esprit à la forme d'un cerveau, c'est pour cela que tu ne peux comprendre pour le moment que l'Être Réel c'est bien toi, là, actuellement.

Il n'existe aucune limite et aucune séparation.
Tu es Toi, l'Esprit Unique personnifié et pas quelqu'un d'autre.

Il n'y a pas d'un côté le Monde Réel ou celui du Rêve ou illusion, et ni l'Être Réel ou le personnage rêvé ou virtuel.
Nous vous donnons toutes ces explications, c'est-à-dire, le Réel, l'Illusion, l'Energie Réelle et celle qui n'existe pas, pour vous apporter des données qui vous permettront de franchir un pas – qui n'est pas à faire.

Nous vous donnons des explications sur ce qui n'existe pas en Réalité !
Mais il vous en faut pour essayer de comprendre, de donner une véracité à ce qui est, mais qui n'existe pas.

Nous amenons ainsi votre esprit à réaliser qui il est Vraiment et où il est en Réalité.
C'est pourquoi, aujourd'hui, nous te disons à toi, Nicole, qui tu es et où tu te trouves.

Tu es Toi Réel et pas quelqu'un d'autre.
Il en est de même pour tous.

Ce qui vous empêche de le réaliser, de le vivre pleinement, est cette énorme croyance – bien ancrée en vous – que vous naissez pour mourir et souffrir.
Vous laissez les expériences des autres façonner vos croyances sur vous et sur le Monde.

L'oubli de Vous-même a entraîné une illusion que vous avez de votre être, des autres et des Mondes, et de la Vie.

Mais, comme son nom l'indique, l'illusion est un fantôme.

**Ton esprit, mon enfant, n'est pas dans l'Esprit de ton Être Réel.
Tu ES l'esprit Réel.**

Je suis l'Être Réel ; en ouvrant mes ondes ou vibrations au Beau, à l'Amour, J'EXPRIME l'Être Réel que je suis.

Il en est ainsi, telle que la Réalité existe, pleinement, entièrement. »

19

La mort est une aberration ! Perdre des êtres que nous aimons et qui nous aiment, ne plus les voir, ni les entendre, ne plus pouvoir parler et vivre avec eux, tout cela est contraire à la Vie, à l'Amour. La barrière semble infranchissable…

« Non, maman, aucune barrière n'est infranchissable et encore moins celle que vous appelez la mort. Ce sont vos certitudes, vos croyances – qui font partie de la psyché humaine – qui vous donnent l'impression et le sentiment qu'une barrière existe avec tous les êtres que vous aimez et qui sont « partis ».

La Vie, l'Amour, ne séparent pas mais – au contraire – unissent.

Je ne répèterai pas ce que j'ai déjà dit x fois !
Détente, confiance, aimer, croire en l'Amour et les « miracles » s'accompliront. C'est ce qui vous manque !
Je ne reparlerai pas de la mort, de la séparation, du mental, etc. J'aurais l'impression de radoter ! (Et vous aussi !). Je parlerai seulement à l'Être que tu es Réellement. Je parlerai avec Toi, et non avec le soi-disant personnage que tu serais en train de jouer. Je ne vois que Toi et non quelqu'un d'autre. Nous parlerons ensemble. OK ?
Qu'avons-nous à nous dire ? Que nous sommes heureux, l'un près de l'autre et avec tous ceux qui nous entourent. Notre vie est unique, merveilleuse, nous ne nous ennuyons jamais ! Mais qu'est-ce que l'ennui ? Le manque de « quelque chose », le manque de la Vie. Nous ne pouvons donc pas connaître l'ennui. C'est tout aussi simple ! OK ?
Que faisons-nous, maman et chacun d'entre vous ?
Je continue à t'appeler maman pour mieux t'atteindre.
Alors que faisons-nous de notre existence ?
La béatitude qui nous rend hébétés de bonheur ? Non. La sérénité, oui. Il est difficile pour moi d'expliquer. Le temps y est la cause.
Votre temps et le nôtre sont totalement différents.

**Nous ne vivons pas dans l'immobilisme, comme si tout était figé et n'existait qu'une Vie dans l'Amour, la Joie, l'Union.
L'existence a son sens chez nous également.**

Nous sommes dans l'Union, ce qui donne une harmonie paisible, joyeuse. Nous avons conscience de la présence de « l'autre », qu'il soit d'une forme qui vous ressemble en apparence, ou sous forme de feu, d'eau, de couleurs, d'animal, d'arbres…

Le monde que vous voyez avec votre esprit est le Monde Réel déformé visuellement et dans la perception entière.

Votre esprit a rendu la perception du Monde Réel mortelle ou changeante (au niveau de l'illusion des défunts). Ce qui est une aberration, le bouton sur la face ! Incongru.
La pensée change, se modifie, et la perception suit l'évolution de la pensée. Automatiquement. Le monde et tout ce qu'il comporte sembleront toujours pareils, mais le ressenti sera différent. Le monde ne vous sera plus perçu comme dangereux, mais comme « malade », souffrant. Au début, vous éprouverez de la compassion puis, lorsque votre conscience ouvrira un peu plus la porte qui la relie au Vrai, la compassion disparaîtra pour laisser entrer la Vibration Amour. Vous saurez que vous n'avez rien à pardonner, rien à condamner ou à juger. Vous saurez que le monde vous aime parce que vous le voyez et l'aimez avec la Vibration Amour. Le danger n'existera plus et votre destin s'accomplira.

Le destin de chacun, chacune, du monde et de ses univers, est de retrouver la conscience de Soi.

Être celui ou celle à qui Je parle en Réalité, et non un personnage inventé par l'oubli de Soi. OK ?
On laisse l'aberration, on entre dans l'Union ! »

2012

« En résumé et en pratique :

* Reconnaissez que vous voyez mal et que vous répondez donc en conséquence (en action, en paroles, en sentiments).

* Dans la perception, amenez la Réalité d'une présence, celle de la Force Vie. Elle est vous, vous êtes elle. Vous veillez sur vous-même !

* Sachez ensuite que rien n'est impossible ! Oui, je ne blague pas. Dans la Réalité, rien n'est impossible, parce que la puissance d'Amour de cette Force nous permet de tout réaliser. Donc :

* Apprenez à aimer cette Force, à reconnaître qu'elle existe, qu'elle est en vous, près de vous, et tout autour de vous, et dans chacun.

* Acceptez-la, unissez-vous à elle, en douceur, avec Amour.

Et votre vision changera. Vous percevrez ce qui vous paraissez incroyable, impossible. Vous réaliserez les « miracles » de l'Amour et de la Vie.

<u>Actuellement</u>

La Force est toutes ces vibrations qui forment la Vie.

Vous êtes vibrations, même là actuellement. Votre corps humain dégage des ondes, il vibre car chaque cellule, chaque chromosome, chaque chaîne d'ADN, chaque atome, de votre corps vibrent. Ils sont la Vie qui s'exprime à une autre fréquence que la Réalité. Mais, comment la Vie peut-elle vibrer dans le rien, dans le non existant ?
La Force Vie est partout, même dans ce qui n'existe pas en Réalité.

C'est cette Force qui permet à l'illusion d'avoir sa propre réalité et d'être en vie dans cette réalité. L'énergie « fantôme », dont je vous ai parlé, est la projection virtuelle de la Force Vie.

La Force est omniprésente.
Elle est le mouvement du Tout et de Tous. Voilà pourquoi l'immobilisme n'existe pas.
L'esprit émet des ondes et tout ce qui est créé par l'Esprit (donc le Tout et Tous) vibre à son tour.

L'Union se fait par l'harmonie de toutes ces vibrations, qui sont bien vivantes. Vibrations qui prennent forme ou non, comme elles le désirent. Les vibrations nous animent, nous transportent où nous voulons. Nous sommes ondes ou vibrations. Nous pensons, nous parlons, nous rions, nous aimons.

Nous SOMMES celui ou celle que l'Esprit aura créé à partir de lui-même, c'est-à-dire : Pensé, Vibré.

Il en est toujours ainsi. »

21

<u>2013</u>

Il est difficile de ne pas laisser l'émotion et la peur prendre le dessus.

« Parce que vous faites un effort, au lieu de lâcher prise.
Vous vous efforcez de ne pas vous laisser prendre par l'émotion (n'importe laquelle) et par la peur ou l'angoisse. Votre cerveau se met aussitôt en fonctionnement « réaction ». Réponse par l'agressivité, ou la culpabilité, ou l'imagination (le scénario ou les scénarios défilent dans votre tête), ou la peur.
Vous recevez les effets des vibrations basses et vous les acceptez inconsciemment. Que faut-il faire ?

S'abandonner ? Oui, c'est l'ultime secret ! Mais s'abandonner à quoi ? Il est facile pour moi de vous dire à l'Amour, à l'Union, mais, quand vous êtes en plein dans la réaction, tout cela vous paraît bien loin. Ce qui est logique, puisque le cerveau a repris les rênes.
Contrer l'action du cerveau, la renier ?
Vous êtes face à la peur, une crainte qui peut être justifiée, face à l'agressivité de quelqu'un. Qui est là, en vous, toujours présent ? VOUS ! L'Être Vrai.
Lorsque la peur arrive, lorsque l'agressivité (celle qui ne met pas votre vie en danger) est face à vous, ou l'angoisse, la colère, la timidité…, mettez un écart entre elles et vous. Faites-le tout de suite, avant que vous ne soyez pris totalement par elles. Vous n'êtes pas indifférent, mais vous SAVEZ qu'il existe une Force très puissante, une Présence qui sait tout et qui sait comment faire.

Vous êtes unis à cette Force et à cette Présence et, vous les aimez.
Vous aimez qu'elles soient en vous, là, maintenant, et toujours.

Il n'existe que « elles et vous » et elles font un « barrage » à toutes ces vibrations basses que sont la peur et l'agressivité et toutes ces émotions négatives, où l'Amour ne peut s'exprimer.
Vous aimez cette Force et cette Présence auxquelles vous êtes uni et…

Vous apprenez à les ressentir en vous. »

« Je suis un être fait de chair, de sang et d'os, mais je suis aussi un être fait d'Energie.
Une Energie puissante qui m'apprend à aimer, à m'aimer et à l'aimer.
Cette Présence est toujours là, même si je ne la ressens pas vivre. Elle est ma Vie, elle m'aide à façonner mon existence dans la joie, la paix et l'Amour.
Je ne peux être atteint(e) par tout mal car je ne suis pas le mal. Je suis l'Amour et j'aime sa Présence en moi, que je retrouve en chacun et dans le monde où je suis.
Je ne me cache pas la réalité de ce monde, je refuse seulement d'en mettre la laideur et le chaos dans mon esprit. »

22

Donc, nous ne parlons plus de Dormeur et ni de personnage du Rêve ? Nous sommes présents à nous-mêmes, mais… c'est loin d'être le cas !

« Bien sûr ! J'anticipe ! Pourquoi j'abolis le Rêve, le Dormeur, l'Illusion ? Pour vous ramener plus vite à Vous !

Pour que votre conscience cesse de se leurrer et de se mouvoir dans ce leurre qui semble si vrai.

Nous en venons toujours à la conscience.

Cette dernière est la Connaissance en Présence et en Action, ou alors, elle reste une prise de la Vie dans le flou, le désordre, la souffrance.

Avez-vous Connaissance de la Vie ou de la souffrance ? Pour nous la Connaissance est TOUT, plus rien n'est ignoré, c'est-à-dire oublié.

La Connaissance est la Vie en total mouvement, entière, VRAIE.

De quoi avez-vous conscience ? Un monde harmonieux ? Une Vie sans « rouille », parfaite ? Un monde où les êtres se reconnaissent, où la ronde des vies ou existences n'est due qu'au bon vouloir de l'être et non par besoin ? Non, vous n'en avez pas conscience, vous n'en avez pas la Connaissance. Vous supposez, vous espérez.

Bien sûr que c'est loin d'être le cas que vous soyez présent à Vous-même ! Et alors ? Pourquoi y mettre le temps d'un chemin à parcourir, vous donner l'excuse du temps à accomplir ?

Nous sommes pourtant là bien présents, vous répétant inlassablement que vous avez une seule « chose » à faire, à mettre en vous.

Croire en les vibrations de l'Amour !

Vous pourrez toujours répliquer – inlassablement, vous aussi – que c'est dur, que cela ne se produira pas dans cette vie, que l'au-delà vous apportera la paix et la joie, et je ne sais quoi encore ! Vous ne pourrez empêcher cette Vérité d'être :

Il suffit d'ouvrir la porte à l'Amour, de Nous faire confiance, totalement, en enlevant toutes ces images qui peuplent votre esprit et vous terrorisent.

La Confiance ne peut se faire « qu'à ce prix-là ». Ce n'est pas bien cher payer, non ?

Les apparences sont les limites de l'Illusion, elles forment votre jeu virtuel. »

23

« Je te parle depuis si longtemps que tu as l'impression que je te répète toujours la même chose !
Comment crois-tu que fonctionne le cerveau ? Il est un ordinateur très subtil, capricieux, indépendant mais, il fonctionne toujours sur le même mode : les répétitions, la redite. Voilà pourquoi mes paroles tournent toujours autour d'un thème primordial, essentiel, LA RECONNAISSANCE DE SOI ou AMOUR RECONNU.
J'imprègne ton cerveau de ma présence et de Notre Présence. Nous imbibons ta pensée de la présence de la Nôtre. Pour que tu Nous reconnaisses, là, maintenant, en toi, en chacun, en chaque élément du monde et de l'existence.

Ce livre est le résultat de Notre Union, dans la Présence. Il en sera toujours ainsi, dans l'humilité, car l'Union Aime et Vit l'Amour. »

LE MAL EXISTE-T-IL ?

« Comme il n'existe qu'une seule Puissance, qui est Amour, comment le mal pourrait-il exister ?

Il n'a de « vie » que dans votre monde illusoire (matière et défunts). Vous détournez l'utilisation de la Force créatrice par un puissant contenu de pensées destructrices.

Le Mal est un personnage fantôme créé par la haine, le pouvoir, l'avidité de certaines pensées… La pensée crée ; l'esprit est puissant.

Des forces, inexistantes en Réalité, deviennent détentrices d'un pouvoir malsain, négatif. Elles permettent à la pensée qui a généré leur flux de se répandre et d'agir de manière délétère sur des êtres, sur des lieux, des choses, le monde. Elles existent.
Les forces du mal existent, grâce à vos esprits reliés les uns aux autres (l'Inconscience collective de la Réalité).

L'esprit agira consciemment ou inconsciemment, dégageant un tourment destructeur ou une haine dévastatrice, qui vont saccager, oppresser des êtres, leur donnant même la mort ou la folie.

Les énergies « mauvaises » sont des vibrations basses ou très basses, devenant très denses et lourdes. Elles sont très éloignées et imperméables aux vibrations de la Lumière de l'Amour (du fait de leur densité).
Le contact avec ces vibrations provoque un cataclysme ou chamboulement sur des êtres dont les ondes sont elles-mêmes lentes, donc réceptives. Ils vont « recevoir » toute la nocivité de ces énergies, les ressentir, les vivre, les subir.

Des lieux peuvent être imprégnés très longtemps par le passage de ces forces, véhiculées par des objets mais surtout par des êtres humains.
L'esprit agit de la façon dont il est : bon ou mauvais (dualité).

Plus votre esprit évolue, grandit, devient Vrai ou se rapproche de la Réalité (la Pensée Réelle), plus les vibrations qu'il est et qui forment son corps s'allègent, s'aèrent.
Plus l'esprit s'ouvre à la conscience de l'Amour, moins les vibrations nocives peuvent l'atteindre, même disparaître.

Les forces du mal font donc partie de cette dualité dans l'Illusion : le Bien et le Mal.

L'Amour n'a en face de lui aucun opposé.

Comprenez-le. »

JE VOUS ECRIS

« Il suffit de quelques mots pour que toute une vie change.
Il suffit de quelques actes pour que l'histoire tourne une page.
Alors n'ayez pas peur… agissez.
Mais prenez le bon sens de la Vie, suivez son cours, ne la contrariez plus.
Elle Vous Aime, apprenez à l'Aimer.
Personne n'est seul, même s'il pense en lui qu'il l'est. »

xxxx

MESSAGES

11 mars 2017 : le miroir de l'eau

« Regardez l'eau, elle vous attire. Elle vous emporte dans ses flots et vous berce. Ses vagues vous enlacent et vous mènent selon leur gré. Vous plongez en elle, vous vous unissez à elle. L'eau est un aimant ou, repoussante. Joie ou peur.
L'eau peut être un miroir, le reflet des âmes, des silhouettes, de la Terre. L'eau est un immense réservoir de vie, elle est en tout ou presque. Elle est votre miroir.
Colère, tempête.
Joie, douces vagues.
Silence, calme plat.
Amour, joie d'être l'eau qui se partage, qui abreuve.
Vous êtes le miroir de l'eau. Vaste océan, par la multitude que vous êtes. Majestueux lac, par un nombre plus restreint, qui essaie d'unir. Simple mare, une famille qui s'aime ou se

déchire (la mare sera alors plus boueuse). Petite flaque, l'individu qui patauge dans ses idées, dans ses désirs, ses rêves, sa réalité.
Que d'eau ! On s'y noierait !

Tout ça pour vous dire que tout sur cette terre vous ressemble et est uni à vous, comme vous vous êtes unis à ce tout. L'un ne va pas sans l'autre.

Prenez-en conscience. Vous aurez alors une autre vision de ce qui vous entoure. Vous les regarderez différemment. Vous ressentirez cette union.
L'être humain que vous êtes croit en sa suprématie. Pour lui, il est évident que le tout lui appartient, et que le tout doit par conséquent lui obéir et subir ses lois, ses désirs. Mais, l'être humain que vous êtes se sent aussi fragile, vulnérable, et cela il ne peut souvent l'accepter.
Je vous dis ça pour que vous compreniez que la fragilité n'existe pas que en vous, mais aussi autour de vous. Car si l'esprit qui rêve croit en la fragilité de son état, il croit aussi en la fragilité du tout où il vit.

La fragilité est la conséquence de l'instabilité de l'esprit. Il sent que « quelque chose » ne tourne pas rond.

Il laisse alors la peur dominer. Je ne parlerai jamais de culpabilité. Cette dernière renforce le sentiment de séparation.

Alors que l'esprit que vous êtes et celui qui Rêve sont le même Esprit.

Le Rêve prédomine parce que l'esprit que vous êtes croit en l'instabilité, en l'éphémère, et au Mal.

Lorsque l'esprit que vous êtes voudra bien changer la direction de ses pensées et les mener sur un terrain de plus en plus clément, une porte s'ouvrira en lui. Celle du Silence qui amène avec lui une nouvelle Pensée, celle de l'état d'Amour.

L'eau alors ne sera pas qu'un simple miroir. Vous réaliserez que l'eau est votre sœur sous une autre forme que la vôtre, en Réalité.
Cela viendra, cela a commencé et se poursuit. Nous vous aidons à sortir des marécages !
Bisous à vous tous.
A+.
Benoît ».

xxxx

18 mars 2017 : le mouvement de l'Amour

« La Vie est la Force engendrée par le mouvement de l'Amour.

La Vie est le mouvement de l'Amour.

Il n'existe qu'une seule Force, celle de l'Amour.

Toutes les autres énergies ne sont que des ersatz de cette unique Force. Elles ont été adaptées par notre esprit pour justifier notre façon de croire en la Vie. Dans toutes les étapes de notre existence, de la matière dense jusqu'à celle qui nous paraît en ce moment invisible ».

xxxx

28 mars 2017 : les lunettes de l'Illusion

« Arrêtez d'imaginer comment pourrait être le Réel. Vous l'avez sous les yeux, vous avez les pieds dessus !
Arrêtez d'imaginer comment vous devez être dans le Réel. Vous l'êtes déjà !

Il n'existe pas le Réel d'un côté et l'Illusion de l'autre. Ils sont imbriqués l'un dans l'autre.

Pourquoi ? Parce que vous voyez le Réel au travers de filtres de nouvelles croyances. Plus ces croyances sont fortes, plus les filtres déforment la vision et la perception de l'existence du Réel.

Je vous donne un exemple : vous êtes debout, immobiles, et vous portez d'énormes lunettes, bien grosses, avec des verres bien épais, colorés en gris, en marron, en rouge, en rose, en bleu, en noir. Et vous regardez avec ces énormes lunettes, tous. Comment pouvez-vous ressentir, voir, et vivre le Réel au travers de ces filtres ? C'est impossible !

Ces verres colorés sont vos croyances, vos certitudes, vos pensées, unis les uns aux autres, reflétant ainsi les mêmes pensées, la base des mêmes croyances, des mêmes formes, dans le monde Réel que vous ne pouvez voir.

L'Illusion créée par ces pensées et ces croyances vit à l'état éthéré dans le monde véritable.

Nous le voyons, et nous savons qu'il s'agit uniquement d'une vision – je ne peux pas dire parallèle – sans consistance d'une autre façon de croire en la Vie.

Cette vision disparaîtra de notre vue – et vous n'aurez plus besoin de notre aide – lorsque chaque être humain, chaque animal, chaque élément de la Terre et de l'Univers global, aura cessé de porter ces fameuses lunettes.

C'est bien beau ce que je dis, mais cela continue à ressembler à de la théorie ! Pourquoi ? Vous êtes tellement habitués à porter ces lunettes, que vous avez du mal à vous convaincre que vous les portez et que vous pouvez les enlever !

Redevenez simples.

Enlevez toutes les fioritures que vous mettez dans vos paroles, dans vos phrases, et dans vos pensées.

Il n'existe que l'Amour, que l'état d'Amour, et aucun mot, aucune pensée, ne pourront vous dire ou vous faire dire ce qu'est cet état d'Amour. Vivez-le, et vous n'aurez pas besoin d'essayer de l'expliquer !

Avant d'enseigner, soyez celui ou celle que vous décrivez.
Il existe en ce monde beaucoup de paroles, mais peu sont vraiment ce qu'ils pensent être.
Nous ne vous condamnons pas, mais nous vous disons : soyez sincères avec vous-mêmes et avec les autres. Ne formez pas une bulle dans celle de l'Illusion. Soyez vrais et véritablement Aimants.

Donnez et n'attendez rien.
Donnez et ne demandez rien.

Là est la véritable liberté de l'Amour, sa véritable Force, qui peut agir, éloigner et désépaissir les filtres de vos lunettes.
Soyez en Paix, et Aimez… véritablement.

Votre frère, celui qui porta le nom de Jésus ».

xxxx

13 août 2017 : le Désir, le But, le Karma… la Vie

Bonjour Benoît. Pourquoi ne réussissons pas ce que nous désirons ? Parfois nous croyons enfin atteindre notre rêve ou but, mais rien ne se réalise, comme si une puissance invisible mettait un frein ou un obstacle infranchissable. Certains parlent alors de karma, d'énergie nocive, mais il en est quoi en réalité ?
J'aimerais savoir aussi, Benoît, pourquoi je n'arrive pas à te « partager » ? Que quelqu'un d'autre reçoive des messages de toi et les rend publiques me gênent beaucoup.
Je te laisse parler !

« OK, maman. Nous sommes en plein dans l'ego ! C'est ce que l'on te dirait vu d'une position « humaine ». En fait il ne s'agit pas de cela. Tu es ma messagère « attitrée », celle que j'ai choisie dès le début, et toi seule publiera à longue échelle les messages que je transmets. Tu te sens abandonnée par moi et un peu trahie par celle qui les publie. Mais, sache qu'elle le fait en toute innocence et avec bonne volonté (comme on dit !). Je te l'ai dit hier soir, c'est moi qui lui ais demandé de le faire. Sois tranquille, petite maman, c'est toi ma main humaine ! OK ?
Bon, le reste maintenant.
L'esprit rendu humain aime imaginer, aime avoir des désirs, des rêves, des buts à atteindre, sinon il a l'impression de ne pas vivre. Et, aussi, il a l'impression de ne rien avoir sous contrôle.

Avoir un but est très fréquemment conseillé dans votre façon de vivre.

Le but démontre un chemin linéaire de la vie, de son existence. Ne pas avoir de but, de désir, de rêve, c'est comme errer dans la vie, ne pas avoir d'ambition, ne pas s'accomplir, donc ne pas être heureux.

Le bonheur, votre bonheur, est donc sous contrôle. Il dépend de la réalisation de votre désir ou non. Et si vous vous trompiez dans la nature de ce rêve ou but ?

Est-ce une force négative qui vous empêche d'atteindre la joie de votre réussite ? Est-ce la conséquence d'un karma énigmatique ? Rien de tout cela. Vous oubliez qu'il n'existe en Réalité qu'une seule Force, celle qui vous a créé dans le Réel. Bien sûr, c'est bien joli ce que je dis là ! Il n'empêche que vous n'atteignez pas ce que vous désirez et que de l'énergie négative est bien présente.

Mais cette dernière vient-elle vraiment de « l'extérieur » ?

Quant au karma, je vous plains, car cela veut dire que vous ne tirez aucune leçon de ce que vous avez appris avant de revenir sous forme biologique et que vous aimez vous punir ou vous récompenser ! Ce n'est pas du tout comme cela que ça marche.

Le karma est une conception idéologique de la pensée humaine ; c'est tout.

Comme la pensée humaine aime bien mettre des hiérarchies, différents degrés de vie, le nombre d'existence à faire avant d'atteindre un niveau, et tout plein de choses comme ça.

La pensée humaine a besoin de tout réglementer pour s'imaginer avoir un contrôle et une connaissance de ce qui se passe « après ». Elle se donne un pouvoir qu'elle donne à certains « privilégiés ».

Voilà ce qu'il en est en Réalité.
Si vous n'arrivez pas à obtenir ce que vous désirez, c'est parce que vous-même vous vous mettez des embûches, ou bien il s'agit du fait très fréquent que le désir ne correspond pas à ce que vous vous êtes désigné avant de « revenir ». Vous croyez qu'il est bon pour vous, alors que non.

Tout désir est le résultat inconscient du contrôle de votre existence.

Vous voyez votre histoire sur une ligne qui a un début par votre naissance, et une fin par votre mort. Entre ces deux points, sur cette ligne bien droite ou sinueuse s'écrit tous vos rêves, tous vos espoirs, vos joies, vos souffrances, vos maladies, votre santé… TOUT. C'est ainsi que vous l'imaginez. Une ligne ponctuée de jours, de semaines, de mois, d'années. C'est bien triste tout ça même si la joie et l'aisance peuvent s'y retrouver !
Il s'agit d'une vie programmée inconsciemment et que l'on croit sujette aux évènements extérieurs et à la volonté inhérente à soi. Et bien, jetez un bon coup de pied dans cette

façon de croire ! Sortez du système inconscient des croyances et des soi-disant faits bien reconnus par votre monde de pensées.

La Vie est indépendante et Unie.

Vous n'avez aucune prise sur elle, même si vous êtes persuadés du contraire.

La Vie est une Force magnifique, d'une puissance que vous ne pouvez imaginer.
Elle est Aimante, harmonieuse, belle, et joyeuse.
Elle n'est jamais dans le manque, dans la perte.
La Vie est intelligente, plus que vous ne le croyez.

Vous vous faites une fausse idée sur Elle, et c'est pour cela que vous lui donnez une Existence linéaire, où le malheur et le bonheur se côtoient, où l'égoïsme et la générosité vont de pair, et ainsi de suite.
Abandonner tout désir, tout rêve, tout but, est contraire aux croyances de votre monde et à ces prérogatives. Et pourtant, c'est cela que vous avez à faire si vous voulez reprendre conscience de la Vie que vous êtes.

Laissez votre Force pleine de Vie, pleine de joie, d'Amour, s'exprimer, se révéler à vous.

Actuellement vous suivez une volonté et des désirs qui ne sont pas les vôtres. Certains réussiront, d'autres non, mais qui prendra conscience que la Vie qu'il est, est beaucoup plus

riche, beaucoup plus abondante, beaucoup plus vivante et Aimante, que tout ce qu'ont ceux qui « réussissent » ?
Voilà le Beun a parlé ! Bien longuement !
Sapristi ! Ouvrez les « yeux » ! Et pourtant je me décarcasse ! Allez, amusez-vous bien et sachez que la Vie que vous êtes aime rire. Un bon rire bien sain, profond, véritablement joyeux, parce que la Vie Aime. OK ?
A plus !
Gros bisous.
Benoît ».

« La Vie, que l'on est, sait où elle va. Voilà pourquoi il vaut mieux lâcher tout contrôle… ».

xxxx

16 septembre 2017 : un Monde oppressant

« Ce monde est oppressant. Il vous fait peur, il vous submerge, il vous ballotte, vous, frêle embarcation, frêle humain. Vous avez cette image-là du monde qui vous entoure et dans lequel vous vous noyez, où vous perdez ou presque toute identité, toute Vie Véritable.
Le monde est oppressant, revendicatif, hargneux, noir ou gris, pas souvent rose, joyeux. Il vous opprime à plus ou moins longue échelle. L'image est puissante, et très vivante puisqu'elle entraîne un mal-être, ou un bien-être, et surtout la Mort. L'image dit que la Vie est souffrance, dur labeur, qu'il existe des êtres forts et d'autres faibles, une élite et la masse

presque silencieuse qui sert l'élite et, dans cette masse, différentes petites élites que servent encore d'autres petites masses presque silencieuses.
Que c'est bien triste, hein, maman ?

Oh oui, Benoît ! Oppressant et triste, et vivace.

C'est ce que vous croyez.

En fait, vous êtes arrivés au déclin de cette société, de la façon dont les êtres pensent et agissent.

Vous avez entamé ce déclin depuis quelques années, peu avant mon décès. Est-ce une fin qui arrive ? Non, pas vraiment, mais un changement radical. Je ne prophétise pas, je ne suis pas là pour vous prédire l'avenir. L'être humain lève souvent la tête au Ciel, pour demander de l'aide, pour espérer en un monde meilleur, pour appeler l'Amour. D'autres êtres humains baissent souvent la tête vers la Terre, ne croyant qu'en ce que leurs pieds et leurs mains peuvent toucher. Pour eux, seule la Terre et son Univers sont présents, et il y existe la loi de la jungle. Dans ce monde-là, chacun « mange » l'autre. Vous êtes dans un cannibalisme spirituel (esprit).
Tout ceci va disparaître. Vous l'espérez sans vraiment le croire tant l'histoire humaine montre son « cannibalisme » et sa nature belliqueuse, meurtrière. Oui, tout cela va disparaître pour un changement radical et merveilleux.

Vous êtes donc tous sur le chemin du déclin et de l'ascension, car le déclin est parallèle à l'ascension. Le déclin est le début de l'ascension, est la formation du renouveau.

Mais quel est donc ce renouveau, cette ascension ?
Actuellement le monde humain se trouve dans une image noire, le fond « d'écran » est enténébré. Cependant le début d'une nouvelle ère est amorcé, mais elle n'est pas encore bien vue, bien perçue. Elle fait partie de l'Espoir. Elle est bien là : votre terre vous l'annonce par les changements qui se préparent en elle.
Au-delà de la terre de matière forte, condensée, que vous voyez et touchez, il existe la Terre Réelle, faite d'une matière – cela m'est difficile de vous l'expliquer -, je vais employer le mot « énergie » (comme pour nous).

Une matière « d'énergie », de vibrations joyeuses, aimantes, colorées, harmonieuses, et paisibles. Cette Terre-là vous Aime. Elle est la Force Créatrice, comme le Tout et nous Tous.

Le renouveau vient de cette Terre-là. Elle reprend peu à peu sa place véritable dans vos esprits.

Le renouveau, le changement radical est la reprise de la Vie dans tous les esprits.

Cela occasionne le changement de perception. Le Monde oppressant s'atténue, certains n'y survivront pas (en pensée), car en disparaissant tel qu'il est actuellement, le Monde reprend sa lumière, ses vibrations. Les pensées de désordre et de haine disparaîtront, et les formes humaines qui ne pourront s'adapter à l'harmonie et à l'Amour – à leur Lumière – disparaîtront. Sera-ce alors une mort pour elles ? Non, pas du tout. Elles seront à un « niveau » où elles apprendront et finiront par voir leur erreur.

Le monde que vous avez actuellement est un « jouet » pour vos esprits inconscients de ce qu'est Réellement la Vie.

La Vie est une Force dont nous sommes tous issus et dont nous sommes. Le Renouveau ou changement radical est la prise de conscience de l'existence de cette Force qui est le Tout et nous Tous. Et cela a commencé, entraînant le déclin et l'ascension simultanément.
L'Attachement à tout ce que vous vivez, aux êtres qui vous sont proches et font partie de votre existence, aux biens matériels, au Pouvoir, cet Attachement est éphémère. Il est la puissance que vous lui donnez en esprit. L'Attachement n'est pas nécessaire à la Vie, même à votre existence actuelle. Le non-Attachement veut-il dire indifférence ? Non.

L'Attachement vous lie, vous retient prisonniers à l'image que vous vous faites du Monde et de votre existence. Vous retenez la Vie, son flux devient alors irrégulier, déréglé, et toute votre existence en pâtit alors à tous les niveaux.

Sachez que la Vie est ce « flot » qui vous unit tous, il est le même pour chacun et pour le Tout, même dans l'image que vous vous faites de la Vie. L'Attachement est l'enserrement de ce flux, vous le bloquez.

Ne plus s'attacher est libérer le flux de la Vie.

Aimez, respectez, sachez que la Vie est la même qui coule en chacun et dans le Tout. Vous ressentirez alors un autre lien, qui unit, qui libère, qui aide, qui respecte. OK ?
Sur ce je vous laisse ! J'ai parlé longuement et maman a tenu le coup ! Je plaisante ! Il faut rire, librement, joyeusement, être léger. La Vie est ce flux-là. OK ?
Bisous à vous tous.
Je dégage !
A+.
Benoît ».

C'est comme un bateau attaché à une ancre pour ne pas être pris par la tempête. Cette ancre est l'attachement à quelque chose, à quelqu'un, à une situation, etc. Or le bateau a oublié que cette tempête, cet océan à l'apparence sombre et menaçant, n'est autre que la Force de la Vie, l'Union et que lui-même en fait partie.
Frédéric Delatour

xxxx

18 octobre 2017 : vous ne pouvez pas Aimer

Bonjour Benoît. R. a posé cette question depuis quelques semaines. Je te la transmets :
« Je lis et j'entends parler d'entités négatives, ou de projet Haarp, ou de complots de certains extra-terrestres qui habiteraient la terre, etc.
Ma question est : même si nous changeons nos vibrations, il existe bien une masse énergétique négative, satanique, je ne sais pas comment l'appeler ? Que penser de cela ? »

Bon, je commence par la littérature ! Oui, beaucoup de littérature… beaucoup de peur. L'humanité fonctionne à la Peur ; l'Amour est un second degré pour elle. Et l'imagination va bon train ! Si vous aimez vous faire peur, adhérez à 100% à tout ce qui se dit !
La masse négative existe, uniquement dans la façon de penser où vous vivez. La densité de sa masse est en fonction de vous. C'est vous tous qui la créez, qui la développez, et qui lui permettez d'agir.

Cette masse est le résultat de toute la force négative que vous dégagez en acceptant la Peur et tout ce qui se rapporte à la Peur.

Rien que vos films ou romans d'horreur, de science-fiction où la vie est en danger, de crimes, etc. Rien que cela engendre une force négative universelle en votre monde, et agit donc sur vous tous, sur les lieux également. La mémoire des murs et des lieux est en fait l'empreinte laissée par la

puissance de la peur, de l'horreur… de ceux qui y ont séjournés.
Alors, réfléchissez. Si vos vibrations changent, deviennent plus légères, c'est que vous aurez mis l'Amour au premier rang et la peur aux oubliettes ! Non ?

Ce monde est en continuel changement, toujours en mouvement.

Un mouvement qui s'accélère de plus en plus, puisque la majorité des gens accélèrent le rythme de leur existence. Ils se laissent emporter par le tourbillon, en emmenant d'autres – même s'ils ne veulent pas – et la destruction s'amorce. Prenez conscience que vous n'êtes pas obligés d'accepter, de prendre pour vous, les pensées et les agissements d'autres. Soyez libre en vous-même. OK ?

Le Monde court, vous l'entraînez dans la folie de vos pensées.

Le Monde est presque sans Amour, il est surtout dans l'Angoisse, dans la Domination et dans la Soumission. Vos pensées créent tout cela, et elles sont dans la confusion, incapables d'Aimer Réellement. Je vous fais presque un discours d'anarchiste ! Vous mettez des noms de partout pour que votre système de classement fonctionne.
Bon, je vais être moins dur… cependant.

Votre façon de penser est incapable d'Aimer ; elle croit Aimer parce qu'elle ressent des sentiments de partage, de

compassion, de fraternité, d'amour. Il ne s'agit que de sentiments.

Le sentiment provoque des vibrations beaucoup plus légères, plus joyeuses, sauf s'il s'agit du sentiment de la Peur. Je voudrais vous dire que le désir de pouvoir, de dominer, de tout régenter, d'être puissant, est un désir de la Peur. La Peur d'être absorbé par le système.
L'Amour est tout autre. L'Amour n'a pas de personnalité et il n'aime pas une autre personnalité, quelle que soit sa forme.

L'Amour est un état d'être de la Vie. C'est la Force de la Vie. L'Amour n'a aucune forme, il est une onde, il est une Force. Il est la Vie.

L'Amour peut prendre forme puisque la Vie prend forme, mais initialement le non-forme existe.

La forme est venue dans l'Esprit de la Vie-Amour pour pouvoir exprimer l'Amour-Vie qu'il est.

La forme est alors Réelle, et non imaginée – ce qui se produit actuellement pour vous. La forme prise par la Force ou Energie de l'Esprit Vie-Amour est elle-même cette Force ou Energie, et cet Esprit. Ce qui change est la personnalité prise par cet Esprit.

Nous sommes tous – et le Tout également – la personnalité individuelle prise par cet Esprit.

Certains de chez vous parlent de jeu ou d'expérience, moi je dis VIVRE. Il n'y a pas à expliquer la Vie. Elle EST la Vie, et elle Vit. C'est tout.

Lorsque vous aurez bien compris tout cela et admis qu'actuellement – dans l'état où vous êtes – vous ne pouvez Réellement Aimer, vous ferez un grand pas, si vous l'acceptez en toute humilité.

Laissez l'Amour de la Vie être, acceptez que vous êtes cet Amour, cette Vie, puis laissez la faire. Elle sait mieux que vous ce dont vous avez besoin pour redevenir conscients de vous-même. Donnez-lui la main, acceptez sa Présence à côté de vous à chaque moment de votre existence. Mettez sa vision dans votre monde.

Surtout, surtout, laissez-la AGIR. Elle SAIT. Vous non. OK ?
Bisous à chacun de vous.
L'Amour existe, puisque vous existez, tous !
A+.
Benoît ».

xxxx

2 novembre 2017 : le Monde des Défunts

« Le Monde des défunts n'est pas ce que vous croyez. Il est très vaste et composé d'une énorme quantité d'échelles de conscience.

Le Monde des défunts fait toujours partie de l'erreur de l'esprit.

Lorsque vous décédez, vous entamez un nouveau rôle. Vous continuez à jouer. L'esprit se trompe encore, il n'a pas atteint l'ouverture qui lui permet de réaliser qu'il vit une erreur de perception.
Dans ce monde-là, la Pensée est reine, car reconnue par l'esprit défunt. Il se rend compte qu'il a tout pouvoir, qu'il est libre de se déplacer comme il veut, qu'il peut se rendre où il veut, et se créer un « monde » bien à lui.
Dans cette nouvelle vision de la Vic, chacun et chacune se rassemble par affinités. Certains resteront dans leur solitude, d'autres vivront ensemble dans l'harmonie.
Une nouvelle existence se forme, qui est très souvent reliée à ceux qui ont été laissés dans la matière biologique.
Le Monde des défunts contient autant de caractères, de bons, de mauvais, d'indifférents, qu'il existe déjà dans votre monde à vous.

L'être qui meurt est toujours le même lorsqu'il se réveille dans ce nouveau monde d'énergie.

Voilà pourquoi je vous demande d'agir dès maintenant et de prendre de plus en plus conscience de l'erreur dans laquelle votre esprit s'englue.
Être défunt n'est pas renaître à la Vie, c'est être tout simplement surpris ou heureux que la Vie continue !
Bien, maintenant, je vais vous apprendre autre chose sur les défunts, que certains connaissent déjà. La Vie se poursuit donc, la « mentalité » de l'être est toujours la même, et l'amour qu'il éprouve pour ses êtres chers est toujours présent et le « retient » au plus près d'eux pour les aider. Est-ce un mal qu'ils soient retenus ainsi ? Les empêche-t-on d'évoluer ? Non, je contredis ainsi ce qui est dit par beaucoup. Pleurer ceux que vous aimez et qui sont partis, les

aimer au point de ressentir leur présence, de les laisser se manifester auprès de vous, ne les empêche absolument pas d'évoluer, de « monter ». Pourquoi ?

Parce qu'il existe une cohabitation.

Les paliers de l'évolution ne sont pas tangibles. Ils ne sont pas délimités par quoi que ce soit. C'est comme la Réalité, la cohabitation existe.

**Aucune frontière ne sépare les êtres qui s'aiment.
L'Amour est le lien.**

L'Amour est la Force, l'Energie qui permet cette cohabitation, cette absence de « mur », de rempart, de limitation. L'Amour permet d'évoluer et d'aller vers l'ouverture de conscience pour réaliser qu'autre « chose » existe, qui est lui bien Réel. Donc, pleurez, aimez, parlez, et ressentez la présence de vos chers « disparus » sans aucun remords. Car, vous allez entrer dans un nouveau ressenti de la Vie, si votre être cher accepte l'aide et les conseils des êtres qui cohabitent avec eux et qui ont une plus grande prise de conscience de la Réalité, ou qui sont déjà dans le Réel. Il est plus facile à un être du Réel d'entrer en contact avec les « défunts ». L'énergie est plus libre, donc plus facile à « toucher ».
Certains d'entre vous sont des passeurs d'âmes. Ils ont la vision du passage de l'âme dans la Lumière. C'est exact, mais il y a aussi autre chose. La vision qui leur est montrée est un peu symbolique. C'est comme si l'âme du défunt passait de l'obscurité à un niveau de lumière où règnent l'Amour et la Paix. Il ne s'agit pas vraiment de cela. Ce qui se produit en réalité, lors de cette vision, le défunt – par l'aide qu'il vient de recevoir, combinée à celle des êtres plus

« éclairés » et de l'autre côté – vient de réaliser où il est, pourquoi il est là, et qui il est.
Le passage dans la Lumière est l'ouverture soudaine de la prise de conscience de l'esprit.
L'esprit vient de sortir de l'obscurité de l'ignorance. Il fait alors un grand bond dans le monde des défunts, se rapprochant d'une nouvelle Lumière, plus éclatante, plus joyeuse, plus vivante.

L'Amour est toujours le lien, quelle que soit la forme prise par l'Energie vivante. OK ?

Vos défunts sont donc toujours vivants, et selon où en est leur esprit, ils continueront à apprendre dans le monde des défunts, devenant de plus en plus lumineux, ou ils choisiront une nouvelle histoire à vivre dans la matière, sous forme biologique, pour apprendre plus durement ou facilement selon l'histoire.

Le but est toujours le même : se retrouver Réellement.

Compris ?
Laissez l'Amour être, et effacez la douleur. Cette dernière vous fait croire que celui ou celle que vous aimez est MORT, alors qu'il ou elle est toujours là et aimerait que vous le compreniez, pour que l'Amour qui existe entre vous puisse devenir plus fort et agir sur votre esprit et sur le sien. Oui, car le but – je le répète – est de se retrouver Réellement. Se retrouver soi-même et retrouver Réellement tous ceux que vous aimez et que vous croyez disparus, absents de votre existence.
On change, on change ! Et vous verrez que l'Image de votre monde ne sera plus la même.
Bisous à tous.

Votre frère Benoît ».

xxxx

24 février 2018 : Méditation donnée par Benoît

« Je détends tout mon corps.
Je sens la Vie circuler dans mes bras, dans mes jambes.
Je sens tout mon corps vibrer, s'éveiller.
Mon visage se détend, il se relâche.
Mes yeux s'ouvrent à ma lumière intérieure.
Mes oreilles écoutent, sans nommer, sans juger ; les sons ne font que passer.
Comme les pensées ; je les imagine comme des nuages légers que la brise pousse hors de mon esprit.
Je vais de plus en plus profond en moi, le corps léger, l'esprit vif, prêt à entendre la Voix de mon Être.
J'écoute ce corps que j'habite, je lui donne la Vitalité que je suis et que je sens en moi.
Je m'abandonne au flux et au reflux qui fait vibrer mon corps et mon esprit.
J'entre en contact avec Moi. Je m'écoute.
Je laisse la Vie me pénétrer et m'apprendre ce que je suis et où je vais.
Je suis libre et en confiance ; comme je suis dans cette confiance, je peux laisser venir à moi ce qui EST Réellement.
Tout est bien.
Je vais bien. »

xxxx

2 mars 2018 : l'énergie indépendante

« Je suis une image de mon esprit ».
J'ai entendu cette phrase lors de la méditation que tu nous as donnée, Benoît.
Qu'est-ce qui me retient en moi ? Je vois – j'imagine – une main invisible qui me retient parce qu'elle ne veut pas que je « m'envole », que je me libère.

« Il n'y a pas que le matérialisme qui existe, l'énergie est puissante par elle-même. Après avoir été créée par la Pensée, elle peut prendre une telle ampleur et devenir indépendante si on ne sait pas la maîtriser. C'est ainsi que chez vous et autour de votre forme de penser (dans l'invisible pour vos yeux), il existe des forces qui se meuvent et agissent par elles-mêmes, attirées par ce qui leur ressemble le plus. Elles se chargent d'énergie auprès d'un lieu, d'une personne, d'un animal, de tout ce qui est vibration. Elles s'unissent aux vibrations dégagées par chaque élément et se « nourrissent » et aggravent l'état de ces éléments ou les enrichissent de leur nature positive, négative, bonne, mauvaise, joyeuse, triste, etc.

Dans l'inconscience où vous êtes, vous ne vous rendez pas compte que vous êtes la « proie » ou la « joie » de ces forces devenues indépendantes.
Cette main qui te retient, maman, c'est une force négative que tu as nourrie depuis ton enfance. Elle a été créée par toutes ces peurs que tu as eues et par les frustrations

cumulées par le manque affectif, le manque d'Amour. Elle te retient car elle ne veut pas que tu te libères. Elle ne pourrait alors plus exister. Tu es donc en plein déchirement car tu veux aller plus « haut », être libre d'être toi. Cette force a forgé ta personnalité pour que tu puisses continuer à la nourrir. Tu vas donc devenir neutre, la regarder vivant auprès de toi. Tu vas l'imaginer : regarde cette énergie, qui n'est ni bonne ni mauvaise, mais qui se nourrit de peur et de frustration. Tu vois bien sa main qui te retient. Toujours en imagination, tu vas prendre cette main et regarder cette énergie bien en face et lui dire :

« Tu es faite de peur, d'angoisse, de douleurs, de peine, de manque, d'absence d'Amour. Tu es énergie, tu es une force qui n'a d'existence que parce que j'accepte ce que tu contiens.
A présent, je te regarde, je te vois, et je sais que notre union n'est due qu'à mon consentement.
Aujourd'hui, je te vois et je te dis : disparais, dissous-toi dans la véritable énergie de l'Amour ; sois en paix.
A présent, je me libère, ta main ne me retient plus car j'ai donné mon acceptation à la Force de l'Amour, à la Force de l'Union de la Fraternité. Je n'ai plus à lutter. Je suis libre d'Aimer. Je suis libre de Vivre, avec joie, avec sérénité. La mort n'est que le reflet de mon esprit qui a peur. J'accepte l'Amour, et la Vie est la puissance de mon esprit libéré ».

C'est long, mais c'est l'essentiel dit !

Libère-toi, maman. Tu en as pris la décision, vois cette Force qui te soulève, qui t'amène là où tu dois être, c'est-à-dire avec Nous.
Nous sommes ici-bas, nous sommes aussi là-haut.
Ne cherche pas à comprendre.

Tout est énergie, l'esprit se manifeste en mobilisant cette énergie.
L'esprit peut donc tout.

Voilà pourquoi nous pouvons être ici-bas et là-haut à la fois. Voilà pourquoi vous n'êtes pas seuls dans les épreuves que vous vous infligez, mais nous ne pouvons les vivre à votre place et nous ne pouvons vous les épargnez. C'est le libre arbitre : vous êtes libre de choisir – consciemment ou inconsciemment – ce que vous voulez vivre. Bien sûr qu'il existe l'impact des choix faits par ceux qui vous entourent ou vivent dans le même monde que vous. Mais, jusqu'où ira votre puissance à vous ?
Sur ce maman, tu peux être en paix, et dissous cette énergie de peur et de manque dans la Force de l'Amour. Dès que tu ressens une angoisse, un doute, une peine, dis-toi :

« Je te donne à la Force de l'Amour. Je sais qu'elle est là, bien présente, et qu'elle agit ».

Voilà, maman. Tu peux me reparler. Nous aimons ça tous les deux !
Bisous, ma petite maman.
Continue.

A+ !
Benoît, ton fiston qui t'aime. OK ? ».

MESSAGES PLUS RECENTS (2022)

(Ils précèdent les paroles du chapitre « Entre Nous »

31 janvier 2022

Bonjour Benoît.

- S. te demande si avant de nous incarner nous « signons » un ou des contrats. Certaines personnes disent qu'il s'agit de manipulations d'entités de l'astral pour nous maintenir prisonniers de l'illusion. La fameuse roue de la réincarnation dont on doit se sortir serait une métaphore pour prison.
Benoît peut-il parler de cette histoire de « contrat » ? Merci.

« Il n'y a aucun contrat, chacun est libre ! Mais des accords, des ententes, oui, comme nous l'avons fait.
Il est dit beaucoup de choses dans votre monde, beaucoup de croyances, pour se rassurer, pour faire peur. Et c'est normal. N'oubliez pas que l'illusion – dont le véritable mot est fausse perception – a été créée par la peur et avec la peur. Tout tourne autour de cet état de l'esprit : la peur.
Personne ne retient d'autres « êtres » dans la « prison » de la réincarnation. Cependant il existe – comme sur votre terre – des êtres qui se laissent influencer et vont croire ce que ces « personnes » défuntes vont leur dire.

Il faut que vous compreniez que plus les défunts sont proches, dans l'état de leur esprit, des vibrations de votre

monde, plus ils réagissent et pensent de la même façon que ce dernier.

Tout est esprit, tout vient de l'esprit. De l'état de conscience de l'esprit.
Je ne vais pas vous refaire un topo là-dessus !
Resteront prisonniers de leur état et sous l'influence d'autres, tous ceux qui ne saisiront pas qu'il existe autre « chose » et que leur esprit ne percevra pas une « autre » lumière. Lumière où est présente une multitude d'êtres prêts à réaliser leur véritable nature. OK ?

Merci beaucoup Benoît.

- V. a aussi une question pour toi. Dans ton dernier message tu as dit, Benoît : « Voir l'être que vous êtes, c'est être celui ou celle que vous êtes vraiment, hors de votre bulle. » J'aimerais y parvenir mais comment faire ?

L'Amour, maman.
Tant que vous vous poserez des questions, tant que vous serez à la recherche de vous-même, vous ne laisserez pas l'Amour vous donner la réponse. Parce que vous n'y croyez pas !

L'Amour, pour vous, est un état qui n'existe que dans l'abstrait.

Aussi, vous voulez le saisir, donner une explication sur sa nature, sa forme, sa fonction.

L'Amour est la réponse, est la clé à tous vos questionnements.
Pourquoi voulez-vous à tout prix arriver à être cet être magnifique que vous êtes ? Pourquoi le nuage, le voile – tous les mots que vous voudrez ! – obscurcit-il cet être là ? Vous trépignez, vous vous impatientez…

Mais, en vérité, vous n'aimez pas l'être magnifique que vous êtes.

Vous ne pouvez l'aimer, car vous ne vous aimez pas. Vous pouvez avoir de la complaisance, mais c'est tout.

Vous aimer c'est accepter celle ou celui que vous êtes actuellement. Avec ses faiblesses, ses qualités, ses défauts…

Vous êtes vivant en ce monde. Votre esprit perçoit selon la prise de conscience de la Vie qu'il accepte en lui.

Vous êtes Amour. Vous êtes une vibration de l'Amour, une onde unie à celle de l'Amour, formant un Tout.

Et, cela, vous ne le croyez pas.
Quand allez-vous ARRÊTER ?
Quand allez-vous laisser partir tous les filtres qu'ont formés vos croyances, vos connaissances, les mots des autres qui paraissent mieux informés que vous ?
Quand allez-vous accepter de lâcher ?
C'est dur, hein ? Oui, oui, très dur.

Mais, le voulez-vous vraiment ? Le voulez-vous vraiment par Amour, avec Amour ? Non ! Voilà pourquoi le chemin continue, toujours et toujours.

Alors, maintenant, on fait le vide en soi, de temps en temps dans la journée. Aucune musique relaxante, aucune méditation, seulement un apprentissage :

Réapprendre à reconnaître la vibration d'Amour que vous êtes.

Ecoutez la joie qui vous habite parce que vous faites la démarche d'entrer vraiment en contact avec votre être magnifique, avec vous-même. Et vous le faites dans la pensée d'Amour. Vous acceptez de recevoir l'onde d'Amour parce que vous l'Aimez, vous vous Aimez.

Vous croyez enfin en l'être que vous êtes Réellement.

Soyez patients, persévérants ; abandonnez le doute. L'onde d'Amour fera le reste.

OK ?

Bisous à tous.

Tout s'arrange.

Beun. »

Xxx

25 février 2022

« **Vous entrez dans le jeu de ce monde lorsque vous laissez les pensées et le mal-être de tous ces êtres entrer en vous.**

Vous luttez alors contre un « invisible » ou des « invisibles », vous entrez dans le jeu des fantômes. Vous acceptez ce jeu.

L'Amour n'y est pas et ne peut y être.

C'est un fait.
Vous acceptez le jeu en entrant vous-même dans le combat. Vous y croyez, vous vous justifiez, car pour vous c'est un fait avéré. La guerre est là. Les virus sont présents. Les pouvoirs se déchaînent et se combattent.

Vous entrez dans la danse, car il faut condamner, justifier vos actes et vos pensées.

Ce monde est vivant et vous accélérez sa fin en combattant contre lui. Vous soudoyez la Terre, vous la dominez. Vous oubliez une chose très importante : cette Terre-là nourrit vos corps et vous donne la vie.
Combattez, unissez-vous dans la Haine, dans la contradiction, dans la controverse ! Unissez-vous dans l'adversité ! Qu'arrivera-t-il après ? Serez-vous plus heureux, plus en paix, libres ?
Vos changements sont des continuités sans fin. Vous le savez mais vous persévérez dans cette conduite.

**Vous croyez en ce que vous voyez et entendez, car cela vous permet d'accomplir votre soif de jugement, de lutte.
Vous ne pouvez vous détruire, l'être que vous êtes, vous détruisez alors les AUTRES.**

Vous êtes tous concernés, car vous acceptez le JEU proposé et y entrez.
Jusqu'où irez-vous dans tous ces débats verbaux qu'expriment vos esprits fatigués, qui espèrent en un meilleur monde, mais… ne croient pas en eux-mêmes ?
Qu'il en soit fait selon vos pulsions, jusqu'au moment où vous prendrez conscience de l'ERREUR.
Soyez bénis, dans l'Amour et dans la PAIX.

La Fraternité.
Qui vous « secouera » jusqu'au Réveil. »

xxxx

24 mars 2022

« Laisse les images ! Tu as ton utilité ici.
Le corps n'est pas nécessaire pour être soi, le soi Réel, car il est une image ou projection dans une illusion de la Réalité.
Tu voudrais savoir comment faire pour laisser entrer ce vrai soi en toi, lui ouvrir la porte et vivre ensemble, un, dans ce monde ? Cela semble compliquer, infaisable, puisque l'illusion et le Réel ne peuvent vivre ensemble. Non ! Cela ne l'est pas.

Effectivement Réel et illusion sont deux états totalement différents et incompatibles. Cependant, ils sont reliés.

Car l'illusion est une « forme » de bulle dans la Réalité. Un nuage dans le ciel bleu, immense, magnifique et paisible. Un nuage qui persiste, qui semble à part, mais, lorsqu'on entre dedans, il n'y a rien.
Tu es la Réalité, mon enfant. Chacun de vous est Réel.
Vous êtes en ce monde et celui des défunts de la même matière que le nuage de l'illusion. Un rêve qui se promène, mélangeant paix et orage, beauté et tempête. Vous l'avez seulement oublié.

Mets ton « cœur » au diapason de l'Amour, de sa paix.
Mets l'onde de la Vie en action en toi par la Confiance en la Source qui t'a créé, toi, véritable être et enfant de cette Source.

L'Originel de toi-même est paisible, aucun conflit en lui, aucun manque, aucun désir de quoi que ce soit, aucune séparation. Tu existes, là, maintenant, Réel. Pas dans un autre monde et ni dans un autre temps.

L'illusion n'est qu'une histoire projetée sur un écran, mais ton esprit est entré dans cet écran et il croit vivre toutes ces histoires. Voilà ce qu'est l'illusion de vous-même.

Abandonnez le conflit avec vous-même.

Ne vous jugez plus. Raisonnez d'une autre façon, que seule la paix de l'Amour vous permettra de faire.

Abandonnez la vision que l'autre est un ennemi, qu'il est coupable, qu'il mérite une sentence et une condamnation.

Sachez que chacun agit, pense, écrit, en fonction de l'état où il donne ce qu'il peut donner. Vous aussi.

Vivre en ce monde en vous unissant à votre Réalité, votre Origine, est tout à fait faisable. Mais, pour cela, arrêtez de vous persuader que le changement est impossible, ardu à réaliser… Votre esprit se met des bâtons dans les roues parce que ce changement de soi est incroyable, et que ce qu'il promet est impensable, donc irréalisable.

Vous vous raccrochez aux faits !

Êtes-vous prêts ? Oui !

Le voulez-vous vraiment ? Non ! Car vous êtes persuadés que le changement demande un effroyable effort et, ça, vous n'en voulez pas.

Sachez que le nuage dans le ciel de l'éternité a disparu depuis « longtemps ». Il a existé juste le temps nécessaire à la Source de souffler sur lui.

Soyez en paix. Changez votre vision des faits, que seule la paix de l'Amour vous apportera.

Avec l'Amour de Nous Tous Unis, soyons UN. »

xxxx

16 avril 2022

« Vous avez peur. Vous craignez pour votre pays, pour votre liberté, votre sécurité, et votre portefeuille.

Le changement qui menace d'être vous effraie. Vous mêlez le présent au passé, à ce que vous connaissez à l'inconnu. Vous ignorez tout de l'avenir, de ce que votre destin – celui que vous avez choisi – va vous apporter.
Vous vivez avec la peur… de l'avenir, du passé, du présent… de l'autre.
Vous ne pouvez que voir la peur, la ressentir, la créer en la mettant en forme. Vous vivez seul dans votre esprit… ou mal accompagné.

Quand allez-vous enfin comprendre que le monde de votre existence est tout simplement le reflet de la confusion et de la peur qui règnent dans votre esprit ?

A ces mots, vous réagissez aussitôt par un : « Oui, mais comment faire ? » comme si vous n'aviez jamais eu les conseils qui vont avec !

Vous oubliez, parce que vous prenez le changement en vous comme un fardeau.
L'égoïsme est le propre de l'être humain. Il ne voit et ne prend que pour lui-même et sa « tribu » et qu'à partir de lui.
Le monde est vaste. Ce monde où vous existez est infini. Aucune limite ne le façonne. Ce que vos yeux et vos appareils ne perçoivent existe. Ce monde n'a pas de limite, il s'étend à l'infini, parce qu'il est lui aussi un pâle reflet de ce qu'il est Réellement.
Doit-on renier le reflet, l'image qu'il renvoie, l'illusion d'être qu'il donne ? Lorsque vous vous regardez dans le miroir, vous apercevez le reflet ou image de vous-même. Il n'a

aucune existence véritable, il sourit lorsque vous le faites, il reproduit toutes les mimiques que vous lui donnez. C'est vous sans être vraiment vous. Devez-vous briser le miroir ou l'ignorer pour que cette illusion de vous-même disparaisse ? L'image disparaîtra de votre vue, mais elle sera toujours là, en vous.

Pour que seul l'être Réel soit, l'image doit totalement s'en aller de l'esprit.

Et cela semble dur à faire… et est trompeur.
L'illusion peut faire croire qu'elle a disparu à jamais ou va l'être, alors qu'elle change seulement de forme dans l'esprit. C'est la fausse lumière, celle qui fait croire que l'on est devenu éveillé, plus haut que l'autre.

**Quand allez-vous accepter que l'autre puisse être perçu d'une autre façon ? Que le monde peut lui aussi être vécu et vu d'une autre façon ?
Tout est en vous.**

Laissez la peur, changez-la par la confiance. Lâchez, lâchez ? Que font ces mains à toujours s'agripper sur du connu bien confortable, bien rassurant – en surface ?
Changez !
Ayez conscience de l'Amour, que chacun et chacune donnent ce qu'ils peuvent donner et qu'au fond d'eux – malgré l'apparence – une peur est bien présente.

Celle de disparaître.

OK ?
Bisous à vous tous.
Votre frère Benoît. »

xxxx

25 avril 2022

« Avez-vous enfin compris ? L'humanité ne peut changer. Voilà la vérité, toute crue !
Faut-il alors désespérer ? Tout laisser tomber ? Non.
Je le répète :

L'humanité est l'image créée par vos esprits.

Son évolution, sa disparition puis son renouvellement, sa façon d'agir, de penser… tout vient de votre esprit.
Vous luttez, vous bataillez à fond, alors que les conflits sont déjà présents en vous.

Vous reproduisez vos croyances, vos certitudes, vos vérités.

Mais… tout est faux.
Attention à la fausse paix qui fait croire à son hôte qu'il a atteint un niveau de lâcher prise, de détachement, d'amour. En fait, une grande peur, bien enfouie, s'y cache.
Vous voulez que le monde guérisse (de quoi ?), que l'humanité change (pourquoi ?), regardez au fond de vous, et vous aurez la réponse : la PEUR. Omniprésente et qui fait penser et agir tout de travers.

La Peur profite du Doute pour se répandre en vous et partout.

Votre esprit s'est endormi dans la Peur et le Doute.
Il existe un seul Réseau, celui de la création et de l'existence par l'Amour. La Force créatrice est le mouvement de l'Esprit UN, et cette Force est Amour. Mais ce fait vous semble improbable parce que vous vous concentrez sur l'apparence que vous voyez et vivez.
Je vous donne un seul conseil :

« Vivez votre monde en mettant en vous la certitude – la CONFIANCE (qui est l'oubli du Doute) – que le monde et les êtres de la Force créatrice de l'Esprit UN sont bien REELS, bien PRESENTS. Et que vous en faites partie. »
Nous sommes l'Esprit UN. Notre Union, malgré nos différentes personnalités, forment l'Esprit UN. Puisque nous sommes les différentes personnalités prises par l'Esprit. C'est l'unique vérité.
OK ?
En vous.
Bisous à tous.
Benoît. »

xxxx

5 mai 2022

Il y a quelques mots qui arrivent mais, peut-être, n'est-ce que mon cerveau qui me parle ?

« Oui, peut-être, mon enfant, maman. Comme peut-être que non ! Ecoute-nous, écoute ton fils Benoît qui parle avec nous, à l'unisson.
Oui, il n'existe aucun enseignant et aucun élève. Seulement un partage entre deux ou plusieurs êtres. Chacun apporte à l'autre ce qui lui manque ou croit lui manquer. Une illusion dans la perception ou croyance.

Vouloir contrôler la pensée n'est qu'un effort de plus pour accroître l'illusion que l'on a de soi ou du tout.

La discipline n'est pas la Réalité. Lorsque vous vous efforcez de comprendre ou d'être amour, bon, sans désir, sans colère… vous ne faites qu'obéissance à la pensée. Rien n'est spontané. Vous vous surveillez mais, surtout, vous surveillez les autres. Ce qu'ils pensent, disent, comment ils agissent, ce qu'ils écrivent. Et le verdict tombe !
Où sont la bonté, la joie, l'Amour, l'harmonie, la tolérance, le libre-arbitre ? Nulle part dans cet état de l'esprit.

Vous confondez la Vie avec les diktats de vos croyances ou celles des autres que vous prenez pour vous.

Vous lisez Nicole, vous vous faites une idée d'elle et si cette idée ne correspond pas à celle que Nicole est vraiment, vous rejetez cette femme. Vous la jugez et vous lui dites alors ce qu'elle doit faire.

Nous vous lisons, nous vous écoutons, nous voyons vos actes, à chacun et chacune. Nous ne vous jugeons pas, nous ne vous rejetons pas. Nous vous laissons votre libre-arbitre. Mais, nous vous envoyons un immense Amour, parce que nous vous aimons.

Vous pensez que dire « Je » signifie « ego », « mental », et que « Nous » veut dire « tous ensemble, le UN »… Je et Nous sont UN. Que vous disiez nous ou je, veut dire la même chose.

Ne vous complaisez pas dans la résonnance des mots. Soyez « Vous » !

Aimez ce vous que vous êtes, car ce « vous » est Je Suis qui se trompe de personnalité.

Mais… mais, comment Je Suis, qui est Créateur, Unique, Amour… peut se tromper ? Oui, c'est impossible ! Et pourtant, votre image est fausse, votre perception est erronée.

Je Suis Créateur, Unique a donc fait une erreur lorsqu'Il est devenu « personnalité ». Oui, c'est possible.

C'est cette personnalité qui a fait une erreur dans <u>Ce</u> que Je Suis.

L'illusion perdure ? Oui et non, puisqu'elle n'existe plus. Elle est seulement un souvenir, bien vivant. Je n'en dirai pas plus sur ce sujet. Benoît vous en a bien parlé.

Arrêtez de croire que voir votre monde tel qu'il est, que d'avoir une opinion et l'exprimer, font perdurer l'illusion. Arrêtez de croire que certains sont plus éveillés que d'autres, que la masse humaine est très endormie, presque dans un état bestial. Nous vous le demandons ; toutes ces croyances amènent à réalisation ce que vous jugez ou dénoncez.

La croyance est une force en mouvement, en action, surtout lorsque vous lui donnez la parole verbale ou en esprit.
La pensée est puissante.

Vous ne pouvez la contrôler. Elle vous fera croire que vous vous êtes débarrassés d'elle ou que vous l'avez domptée. Ce n'est qu'une illusion, que crée la Pensée.
Quand comprendrez-vous que l'état créé par vos esprits est un état de pensées, la Pensée, créée par votre esprit ?

Tant que vous croirez que vous pouvez être meilleur, être Amour, vous serez sous la domination de la Pensée. Car… votre esprit a créé l'illusion par la Pensée.
Nous ne vous donnerons aucun ordre, aucune consigne. Sachez seulement qu'il existe une vibration bien plus forte et plus Réelle que celle de la Pensée, celle de l'Amour que Nous sommes, que Je Suis.
Cette croyance-là dans l'état dû à la Pensée de votre esprit sera bien plus efficace que tous les jugements que vous pourrez porter sur vous et sur tous. Croyez-le !

Notre Amour est bien présent, là, maintenant.

Soyez Unis.
La Fraternité, Je Suis, Benoît. »

xxxx

28 mai 2022

« Avons-nous un prénom là-haut, une forme ? Sommes-nous tous mélangés ne formant qu'UN ? Y a-t-il un monde de formes dans cet au-delà qui a dépassé le stade de l'illusion ? Une lumière, des couleurs, le jour, la nuit… ? Que de questions !
Je vous dirai tout simplement… elles ne nous concernent pas !

Nous sommes celui ou celle que nous désirons être.
Le sans forme prend alors forme.

L'esprit est cependant toujours le même. Nous sommes dans l'UN et nous sommes l'UN. Chacun Unique et Unis ! Aucune séparation. Est-ce que cela veut dire que chacun et chacune sait ce que l'autre pense ? Cela ne marche pas ainsi, et votre cerveau n'a pas la compréhension pour cela.

Le UN est l'Esprit Unique. Chacun et chacune est ce UN qui pense, agit, Aime, crée, à-travers toutes ces personnalités que le UN se crée.

La Vie Aime jouer, Aime créer, Aime VIVRE.
Vous voyez ? Il y a le mot AIME. Tout est Amour, l'action est celle de l'Amour, la pensée, la création, tout.
Je vous demande aujourd'hui de sortir de toute cette zone de confort qu'est pour vous le connu. Même s'il ne vous

correspond pas, vous y êtes malheureux, malade, etc., le connu rassure toujours.

Aujourd'hui vous allez laisser partir de votre esprit ce connu : l'environnement, l'entourage, vous.
Vous vous détendez, en premier physiquement. Le corps vous rappelle que vous êtes dans le connu, il vous rassure. Vous allez l'apaiser comme lui vous apaise. Puis, vous allez imaginer que vous vous « déshabillez » de votre corps.

En esprit, vous sortez de ce corps, vous laissez « l'habit » tomber à terre, glisser le long de votre forme énergétique. Vous ressentez alors une immense joie, un grand soulagement.

Le début de la liberté.
Vous n'allez nulle part ailleurs. Vous laissez juste votre esprit regarder avec joie et amour l'habit qu'il vient de déposer à terre. C'est tout.

Mais… ressentez cette sensation de liberté, de « voir » que vous êtes aussi cette forme énergétique. Cette forme d'énergie qui est celle prise par l'Esprit Unique.

Dans cette libération, laissez la pensée et la vibration de cet Unique entrer en vous, dans votre esprit. Que l'Union se fasse. Que votre corps d'énergie vibre à l'Union. Laissez juste cette joie et cet Amour éclore en vous. L'inconnu commence alors à être le connu, mais un connu où la peur n'existe pas, où la séparation a disparu.

Laissez faire.

C'est tout ce que je vous dirai aujourd'hui ! Mettez en pratique. OK ?

A+.

Je vous Aime. Nous vous Aimons. Vous vous Aimez, ***vous, l'être pensé et créé par UN.***

Bisous.

Votre frère Benoît.

Un p'tit clin d'œil pour vous montrer que je reste espiègle ! »

xxxx

3 juin 2022

« Les idées obsessionnelles.

La spirale est infinie, vous lui avez ouvert la porte, elle vous emmène dans son tourbillon et vous ne savez plus comment vous en dépêtrer.

La ribambelle sans fin de toutes ces idées qui tournent en rond autour d'un tourment. Vous êtes englué, et vous dépérissez. Voilà votre vie lorsque vous laissez les idées ou pensées devenir votre maître.

Maître et Esclave.

Aucun des deux ne devrait exister. Vous êtes le maître ou l'esclave de RIEN. Cela est la vérité.

Vous souffrez pour le RIEN.

Vous êtes devenu victime, martyre. Votre esprit s'est pris le rôle de victime et le joue très bien.

Jusqu'où irez-vous dans cette démence ? Jusqu'où va vous emmener cette « drogue » ?

Oui, cet état de dépendance à l'idée obsessionnelle est une drogue pour votre cerveau et son mental.

Ils ne peuvent plus s'en passer, et vous en rajoutez pour les satisfaire.

Quand allez-vous, pour une bonne fois, décider que ce n'est pas vous qui avez besoin de ce ou ces tourments, de toutes ces peurs, pour vous sentir vivre ?

En agissant ainsi dans l'obéissance à la dépendance du mental, vous enlevez toute sa valeur, toute sa beauté, à la Vie. Vous mettez un barrage à son flux, à sa puissance. Le barrage retient le flux d'un côté, asséchant l'autre et noyant de sa puissance l'existence de ce qu'il retient sous sa couche. Ouvrir les vannes ? Non. Vous ne feriez qu'inonder la partie sèche. Tout est déséquilibre.

Vous n'avez plus ou pas confiance en l'existence de la Force de la Vie.

Les idées obsessionnelles amènent cette puissance contre vous. L'état de votre esprit prisonnier du Mental dresse devant lui un état de force contraire à l'être qu'il est. Tout devient tourment : le corps, l'existence, l'entourage. Vous êtes créateur de ce fait. Vous êtes à l'origine de toute cette obsession et… vous vous y complaisez, inconsciemment.

De quoi vous punissez-vous ? De votre soi-disant vie d'échec ? De votre peur de la vie, des autres, de ne pouvoir faire face ?

Revenez à vous !

Je vous donne ces quelques mots :

« Je suis entier-ère. Libre. Heureux-se d'être moi. »

Il n'en faut pas plus.
RIEN EST UN FANTÔME QUE VOUS VOUS CREEZ.
La Peur, la pensée qui tourne toujours en rond et vous détruit peu à peu, est issue de ce fantôme.

Lorsque vous ne laissez pas l'Amour vibrer en vous, dans votre corps, dans votre esprit, ce que vous créez est RIEN, uniquement un fantôme qui vous donne le Tourment.

OK ? Bien compris ?
On sort son mental de cette dépendance en reprenant les rênes de son esprit. Tout est VIE. OK ?
Bisous à vous tous, et à un grand frère en particulier. Je vous Aime.
Votre frère, Benoît. »

xxxx

5 juillet 2022

« Il est difficile pour vous de relier ce qui est Vrai et ce qui est Illusion. Vous vivez dans une réalité qui n'existe pas en Vrai, malgré toute cette évidence mise par vos sens, votre cerveau, votre esprit, et vos appareils performants.

Le RIEN constitue votre réalité.

Alors comment faire la jonction entre ce RIEN et le VRAI ? Peut-être est-ce mes mots qui sont faux, mes « enseignements », et vous avec votre réalité qui avez raison ? Le mental mettra tout en œuvre pour vous dissuader de croire en une Réalité qu'il ne voit pas, ne peut toucher, ne peut mesurer. Et le Mental domine dans votre monde, c'est « sa » réalité. Il ne peut donc pas la renier et en amener une autre qui se dit être la Vraie !
Ce Mental, il vous en fait voir de toutes les couleurs ! Vous en êtes tellement habités intérieurement que vous croyez tout ce qu'il vous dit, vous montre, ou vous suggère.

Votre monde ne peut aller bien tant que le Mental sera le dominateur.

Remarquez-vous que je ne vous parle pas d'ego, ce moi latin ? Je sors le « moi » du Mental. Je fais l'inverse de ce que vous faites !

Le moi ou ego latin n'est pas le Mental.

Il s'est juste déformé sous la mauvaise interprétation de l'esprit. L'erreur.

Ce moi est Vrai, lorsque l'esprit prend conscience qu'il existe une autre Réalité et qu'il y est.
Ce moi est déformé, lorsque l'esprit reste dans l'inconscience de l'autre Réalité.

Il laisse alors un « autre » prendre les rênes : le Mental, esprit issu de l'esprit.

L'esprit déformé s'exprimant par un moi déformé. Votre réalité.

Également réalité des défunts, tant que leur esprit n'aura pas pris pleinement conscience de la vraie Réalité.
Cela vous semble compliqué ? Non, c'est uniquement compliqué pour le Mental, qui ne veut pas que votre esprit comprenne.
En fait, il s'agit d'une cohabitation dans un même esprit. Le rêveur et son rêve.
Lorsque vous dormez, vous rêvez. Le rêve cohabite alors avec vous, le dormeur rêveur. C'est ce qu'il se passe. Même si cet état de fait n'a existé que le temps d'une idée : il n'y a rien. Pensée qui fut aussitôt balayée par la Pensée de l'Esprit : Je suis.

Il existe en vous la Réalité et le Rêve.
Le Rêve prenant toute la place de la perception de la Réalité.

Le but, notre but, est de faire diminuer – non, disparaître – la place du Rêve dans la Réalité, qui existe dans votre esprit. Que le Rêve s'efface et que le Réel soit.
J'entends vos questions ! « Comment faire ? Est-ce vraiment possible ?... » Oui, tout est possible, car ce qui existe Réellement ne peut rester – ou être – caché. Comprenez-vous cela ? Je viens de vous donner une clé avec cette phrase.

« Ce qui existe Réellement ne peut rester – ou être – caché. »

Imprégnez votre esprit de cette vérité, de cette clé. Imprégnez-vous-en.

Le Réel ne peut rester caché.

Cette clé vous ouvre la porte du Rêve, dans lequel vous vous êtes cloisonné. Une lumière apparaît et, depuis le Rêve collectif, vous laissez entrer dans votre esprit cette clarté qui vient du Réel. Tout votre être s'en imprègne et devient cette lumière. Le Rêve peut alors s'effacer petit à petit de votre esprit, ainsi que celui de vos frères et sœurs.

La Fraternité reprend sa Vraie personnalité.
L'Union entre le « déformé » et le Réel se fait, devenant l'Un.

Comprenez-vous ?
« Ce qui existe Réellement ne peut rester – ou être – caché. »
OK ?

Bisous à vous tous.
Votre frère qui vous Aime et Nous tous.
Beun. »

xxxx

10 juillet 2022

« Il n'y a aucune peur à avoir ! Ce monde part à la dérive, mais il a toujours été ainsi. Instable, impermanent, dans les luttes (toutes luttes, même animales). L'homme est supérieur à tout, c'est ce qu'il croit, puisqu'il pense. La pensée n'est pas spécifique à l'être humain. Elle prend juste une autre forme chez les animaux, les végétaux, les minéraux.

Tout est la pensée, puisque tout ce monde (et celui des défunts) est issu de la pensée.

La pensée n'est pas la Réalité, du moins celle qui vit et crée dans l'Illusion.
Vous avez donc peur. Vous réagissez alors avec jugement et condamnation et… mépris. Êtes-vous tous ainsi ? Oui, avec plus ou moins d'intensité ! Je dirai que c'est le propre de l'être humain et de certains animaux. Dominer. Vouloir être le plus intelligent, celui ou celle qui a le plus de connaissances, qui cherche et découvre. Mais vous cherchez quoi, vous qui vous dites scientifiques ? Vous cherchez seulement à prouver aux autres, à la postérité et à vous-mêmes, que l'Illusion existe belle et bien ! Vous dites faire avancer le progrès, l'évolution humaine, la paix, la santé.

Mais, en toute honnêteté, faites le bilan de la majorité de vos recherches. Certaines ont effectivement apporté un bien pour l'humanité, d'autres auraient pu si votre mental avait été sur un niveau de vibrations de partage avec le Tout (terre, animal…).

L'homme n'est pas l'être supérieur de l'univers, de votre réalité illusoire.

Il existe actuellement des êtres beaucoup plus intelligents, beaucoup plus évolués que l'humanité. Leur perception de l'Illusion s'unit presque à celle de la Réalité.
Ils vous étudient, voient votre comportement bon ou mauvais. Ils sont bien présents et bienveillants. Ils ne sont pas là pour vous envahir ! Ils veillent sur l'univers, car tout se répercute, le bon comme le mauvais. Ils sont déjà présents sur votre Terre. Personne ne les voit et ne les entend, ils surveillent. Il ne s'agit pas de science-fiction, maman, ni d'élucubrations de la part de ton esprit. Tu es du genre assez sceptique, man', ce qui est très bien, car ainsi tu ne t'engouffres pas dans des « délires » !
Je suis sérieux. Je vous dis seulement qu'il est temps pour chacun d'entre vous d'agir.

Je vous demande surtout une action véritablement spirituelle, en union avec les êtres du Réel, c'est-à-dire « vous » et « Nous ».

Je vous demande de faire silence à la Peur et de vous unir dans l'esprit par l'esprit.

Je vous donne ceci :

« Je suis uni-e à tous ces êtres qui m'entourent.
Je suis uni-e à l'Univers Réel et Irréel.
Je suis uni-e à Tous, à l'Esprit qui m'a créé-e dans sa Pensée, dans Laquelle Je vis.
Je ressens cette Union. Je la veux. Je l'appelle de tout mon être et mon esprit. Je la reçois.
Merci. »

N'hésitez plus. Mettez le doute de côté et lancez-vous dans cette « Aventure ». Vous saurez alors quoi faire et comment le faire.
Bisous à vous tous.
On se bouge !!
OK ?
Votre frère qui vous Aime et Nous Tous.
Benoît. »

JE SUIS TOUJOURS LÀ

13 octobre 2023

Vous dites que notre monde et toute la bulle virtuelle est uniquement un reflet, et un souvenir qui perdure, de notre esprit qui se trompe. Certains auteurs affirment que Dieu est

partout, dans chaque être, animal, etc. et qu'Il voit à travers nos yeux, entend par nos oreilles… Mais, si tout cela n'est qu'une illusion, comment Dieu pourrait-il voir, entendre… par notre canal ?
Je n'arrive pas à trouver l'équilibre entre le matériel et le spirituel, entre le Rêve et la Réalité.

« Cesse toutes ces phrases et écoute-Nous !
Dieu ne voit pas à travers vos yeux, n'entend pas grâce à vos oreilles. Vous êtes des canaux pour l'Onde Véritable.

Dieu est l'Onde Unique que Nous sommes tous.
Nous percevons, Nous entendons grâce au passage de l'Onde en vous. Son Réveil.

Tu as du mal à croire en Nous parce que ce Monde et toute cette Bulle vous obligent à croire en leurs modes de pensées et de certitudes (croyances).
Chacun a ses propres croyances, de par son vécu ou par son adhésion aux croyances de quelqu'un d'autre. Il n'y a pas une vérité dans votre monde mais des vérités.
C'est la Peur qui t'empêche de trouver cette harmonie.

L'Onde véritable qui est en toi t'ouvre les yeux, affine ton ouïe, et libère ton esprit.

Oui, vous êtes un Reflet de votre esprit qui se trompe. Aujourd'hui, nous allons oublier le reflet, l'erreur, tout ce que Nous t'avons appris jusqu'à présent. Aujourd'hui, Nous ne voulons pas que tu cherches à comprendre ce que ton cerveau ne peut enregistrer. Aujourd'hui, Nous allons t'apprendre à être TOI ! Sans barrières, sans limites.

Aujourd'hui, Nous voulons que tu sois Celle que tu es Réellement, même si ta vision et ton cerveau ne le montrent pas.
Sois Celle que tu es Réellement, en esprit.

Tu es Amour.
Laisse passer l'Amour en toi et hors de toi, dans toute cette bulle. Laisse l'Onde s'exprimer en toi, car tu es Onde d'Amour.

Tu es Amour, Intelligence sans fin, sans limite.

Tu es Vie, Energie joyeuse, qui guérit, répare ton corps, enveloppe terrestre qui La véhicule.

Tu es Présent. Pas le Passé ni l'Avenir. C'est maintenant, et l'erreur a disparu.

Emplis tout ton esprit de cette Vérité, Vraie, **tu es** :

- **Onde**
- **Amour**
- **Guérisseuse**
- **Intelligence sans limite**
- **Joyeuse**
- **Unie à Nous**

Tu fais, à présent, de ce monde auquel tu « appartiens », le récepteur de Celle que tu ES.
C'est Maintenant.
En Nous, avec Nous. Et l'équilibre se fera dans l'harmonie, sans accroc.
Nous t'Aimons.
Nous Tous, ou Dieu. »

29 octobre 2023

"Je suis RIEN sans la présence de l'Amour.
Je ne suis alors que l'illusion de Moi.

Sans la présence de l'Amour, dans tout mon être, je ne suis que le reflet de MOI.

Un "fantôme" qui respire, qui vit, selon les diktats de la Peur qui l'a engendré.
Lorsque je laisse le passage, dans tout mon être, à l'Onde Réelle de l'Amour, le petit "je" que je semble être, devient le Je Suis l'Amour qui se déploie et embrasse le Monde et tous ses êtres.

Les limites de la bulle de l'Illusion disparaissent. Limites irréelles, créées par les mots pour donner un sens "humain", compréhensible à notre esprit. Aucune limite n'existe, aucune illusion, aucune séparation avec le Moi Véritable, car SEUL l'Amour existe. Tout ce qui semble vrai pour nous, palpable, vécu dans la joie ou la souffrance, est RIEN.

Seule la Présence de l'Amour est VIE, Réelle.

Le Monde et tous ses êtres apparaissent alors Vrais, et non selon la vision et les croyances en un monde de haine, de peur, de mort...
La Vie resplendit, sous l'impulsion de l'Onde de l'Amour.
C'est ainsi que Je Suis, la Lumière de l'Amour, et non le reflet d'un être que la Peur a créé.
Les limites disparaissent.
Il n'existe plus de séparation avec Soi et Tous et le Tout.
Le RIEN disparaît.
Je Suis enfin Moi. Je Me reconnais et Je perçois enfin le Monde d'où Je viens et où Je suis.

L'Onde de l'Amour. »

ET NICOLE ?

« La femme pense qu'elle est ordinaire, elle doute puis a confiance totalement.
Elle sait, elle a la Connaissance, mais, elle reste encore dans l'oubli d'elle-même.
Le doute mine la Confiance.

La solitude est sa maison. La femme qu'elle est garde ses distances, discrète, aimant, mais n'osant donner plus. Par peur.

La peur amène le doute, qui mine la Confiance.

La mère pleure, souffre encore. L'Être qu'elle est Aime sans compter, sans juger. Elle sait, le dit, l'applique.

Nous pouvons alors être Unis et parler avec vous à travers elle.

Nicole n'est pas une femme ordinaire même si elle croit fermement le contraire. »

J'allais parler de moi, Nicole, lorsqu'une Présence, puissante, m'a entourée. J'hésitais à prendre ses mots, je mettais un obstacle. Les mots qu'Elle me donnait étaient trop personnels.

J'entendais sa Voix nettement. Elle me parlait avec autorité.

Je ressentais la Paix qui m'enveloppait et une profonde Sagesse.

Une Présence que j'ai acceptée et que j'accepte toujours, lui disant « oui » avec joie, avec amour.

Elle M'Aime.

Elle VOUS Aime.

MERCI.

Je remercie très chaleureusement le site pixabay.com pour les magnifiques photos, dont celle de la couverture.

© 2023 Nicole Delatour
Édition : BoD - Books on Demand, info@bod.fr
Impression : BoD - Books on Demand, In de
Tarpen 42, Norderstedt (Allemagne)
Impression à la demande
ISBN : 978-2-3225-1819-7
Dépôt légal : Novembre 2023